Dieter Graf

# Rhódos
# Kárpathos
# Kós
## Südlicher
# Dodekánes

Chálki
Kárpathos & Saría
Kássos
Kastellórizo
Kós
Nísyros
Psérimos
Rhódos
Sími
Tílos

Wandern und Baden für Inselspringer
50 Wanderwege auf zehn Griechischen Inseln

Edition Graf

## Die Benutzung dieses Bildwanderbuches

**RGZ** bedeutet **Reine Gehzeit**. Diese Zeiten beinhalten keine Pausen, Irrwege oder Besichtigungen. Sie dienen der eigenen Kontrolle, ob gewisse, im Buch jeweils durch **Fettdruck** hervorgehobene Wegpunkte, in der angegebenen Zeit erreicht wurden. Sie sind eine Orientierungshilfe und sollen nicht zum Erreichen von Höchstleistungen anspornen. Die ungefähre **Gesamtdauer** einer Wanderung ist jeweils im Vorspann in Stunden angegeben. Diese Angaben berücksichtigen jedoch keine Busfahrten oder überlange Pausen. Dort findet man auch Angaben über die **Streckenlänge**, die **Höhenunterschiede** und über die **drei Schwierigkeitsgrade**. Geländehöhen sind in Klammern eingefügt.

**Streckenfotos** dienen der besseren Orientierung, zum Befragen von Einheimischen und als Anregung. Sie sind im Text jeweils von ☐ bis ☐ zu finden.

Die **Wegskizzen** sind nach bestem Wissen angefertigt, haben aber keinen Anspruch auf Vollständigkeit.

**GPS-Punkte** sind in Text und Karten als **P** angegeben. Kartendatum WGS84.

Für verwertbare Informationen über **Änderungen** von Wegen und Ähnlichem bedanken wir uns bei Ihnen gerne mit einem Buch der überarbeiteten Ausgabe.
Aktualisierte Informationen finden Sie im Internet.

Der Autor **Dieter Graf** ist Architekt und hat die ganze Welt bereist. Die Inseln der Ägäis kennt er seit den Anfängen des Tourismus und kann sich zu den intimen Kennern der Inseln zählen.

Die Ausarbeitung aller beschriebenen Wanderwege erfolgte mit bestem Wissen und Gewissen. Die Begehung der beschriebenen Wege unter Benutzung dieses Buches geschieht auf eigenes Risiko. Eine Haftung für eventuelle Unfälle und Schäden jeder Art kann nicht übernommen werden.

© 2011 Edition Dieter Graf, Elisabethstr. 29, 80796 München
    Tel. 0049-(0)89-271 59 57, Fax 0049-(0)89-271 59 97
    www.graf-editions.de

Alle Rechte vorbehalten.

Satz: Michael Henn, Reichenschwand · Karten: Kurt Zucher, Wielenbach

Englische Version »Rhodes, Karpathos, Kos, Southern Dodecanese« (ISBN 978-3-9814047-1-5)

Umschlagfotos: Agios Stephanos und Stufenweg, beides auf Kastellórizo

ISBN 978-3-9814047-0-8

# Inhalt

Akramitis

# Rhódos und der Dodekánes

Die Inselgruppe des Dodekánes erstreckt sich über 160 km entlang der türkischen Westküste. Pátmos ist die nördlichste, Rhódos die südlichste Insel. Der Name ist zusammengesetzt aus den Wörtern »dodéka«, zwölf, und »nísos«, die Insel: die zwölf Inseln. Zu diesen zwölf wurden mit der Zeit noch weitere kleinere Inseln addiert, so dass es mittlerweile 25 bewohnte »Zwölfer-Inseln« gibt, alle Inseln und Eilande zusammengezählt sind es sogar 163. In diesem Buch werden die zehn südlichen der bewohnten Inseln beschrieben.

Diese Inseln zeichnen sich durch eine enorme Vielfalt aus, sowohl landschaftlich als auch kulturell. Man findet weite Stranddünen, kleine Felsbuchten, schattige Kiefernwälder, erloschene Vulkane und über tausend Meter hohe Berge. Hier, an der Schnittstelle zum Orient, kann der Interessierte die Zeugen einer reichen Geschichte besuchen: antike Tempel, Kreuzritterburgen, orientalische Moscheen und mittelalterliche Städte.

Zu allem gesellen sich das ursprüngliche Griechenland, seine herzlichen Menschen und deren Gastfreundschaft, die *filoxenía*. Im Griechischen heißt »xénos« gleichzeitig »der Fremde« und »der Gast«. Abseits touristischer Pfade ist diese Gastfreundschaft immer noch zu finden, besonders in abgelegenen Gegenden, die manchmal nur zu Fuß zu erreichen sind.

Mit diesem Buch finden Sie die schönsten der vielen noch vorhandenen uralten Eselspfade, die Sie zu versteckten Klöstern, verschachtelten Bergdörfern und zu wunderbaren einsamen Badeplätzen führen. Diese erweiterte und überarbeitete Auflage des Wanderführers bietet neben Text, Karten und Streckenfotos auch GPS-Daten zur besseren Orientierung. Alle Touren wurden vor Drucklegung nochmals begangen und aktualisiert.

Beim Wandern kann man die Langsamkeit wieder entdecken und mit allen Sinnen die Vielfalt der Inseln in sich aufnehmen: den Duft des Thymians, das helle Läuten der Ziegenglöckchen, die Frische von glasklarem Quellwasser, die vielfältige Blütenpracht des Frühjahrs und allem voran die Freundlichkeit der Menschen.                    Gute Reise    *Kaló taxídi*!

# Wandern auf dem Dodekánes

Die Inseln des Dodekánes können sich Dank ihrer Lage vor den kleinasiatischen Gebirgen ausreichenden Niederschlags erfreuen. Entsprechend üppig ist die Vegetation, die die Inseln zum idealen Wandergebiet macht. Hier findet der Wanderer außerdem noch viele intakte alte **Eselspfade**. Ihre seitlichen Trockenmauern machen sie zum Charakteristikum der griechischen Landschaft. Die schmaleren *Monopátia* nutzten die Bauern über Jahrhunderte für die Bestellung ihrer Felder, bis vor 30 Jahren bildeten sie ein dichtes Wegenetz (s.S.118).

Daneben entstanden bis zu vier Meter breite Pflasterwege, die *Kalderímia,* die für den Warentransport zwischen den größeren Orten und als Pilgerwege zu den Klöstern angelegt wurden. Diese bis zu 1000 Jahre alten Wege waren mit Marmor gepflastert und beidseitig mauergesäumt.

Die Motorisierung ging auch an den Inseln nicht vorüber. Statt der Esel verwenden die Bauern heute Pickups, die breitere Fahrwege benötigen. So wurde das alte Wegenetz zerrissen, indem man die charakteristischen seitlichen Trockenmauern beiseite schob und viele Eselswege oft übermäßig stark verbreiterte, subventioniert mit Mitteln des EU-Regionalfonds. Die Reste der ursprünglichen Wege sind jetzt überflüssig, sie verfallen und werden von der Bevölkerung allmählich vergessen. Neuerdings stellt der Leader-Fonds der Europäischen Union Mittel bereit, um für den Tourismus einige der Eselspfade wieder herzustellen. Statt jedoch in die Breite zu wirken und das verbliebene Wegenetz zu erhalten, werden nur einzelne Pfade überperfekt restauriert. Dieses Buch möchte zur Benutzung der vorhandenen alten Eselswege anleiten, und sie dadurch vor dem Verfall schützen. Sie können jedoch, vor allem im Frühjahr, etwas zugewachsen sein!

Die **beschriebenen Wege,** sind kurz vor Drucklegung nochmals begangen worden. Mit einer durchschnittlichen Kondition sind sie gut zu bewältigen und teilweise auch für Kinder geeignet. Besondere Trittfestigkeit ist nicht erforderlich. Die ✓ -Markierungen im Text betreffen nur äußerst höhenängstliche Menschen. Bei längeren Strecken sind Abkürzungen angegeben. Wegen der Aussicht führen die Touren normalerweise vom Berg zum Meer – also Badesachen mitnehmen. Für Bergbesteigungen sollte man sich unbedingt einen schönen Tag aussuchen, da die Gefahr plötzlicher Nebelbildung besteht und es in den Bergen selbst im Sommer regnen kann. Andererseits besteht im Sommer erhöhte Buschbrandgefahr.

Falls man allein unterwegs ist, ist es ratsam, eine Information – etwa im Hotel – zu hinterlassen und die Hotel-Nummer auch im eigenen Handy zu speichern. Die erste Viertelstunde der Wanderung sollte man geruhsam beginnen, um den Kreislauf auf Touren zu bringen, und später während der Tour häufig essen und vor allem trinken, auch wenn man kein Bedürfnis verspürt. In den Streckenkarten sind am Wege liegende Quellen und Brunnen eingezeichnet. Der Sonnen- und der Windschutz dürfen ebenfalls nicht vernachlässigt werden.

Als **Streckenmarkierung** sind oft farbige Punkte zu sehen. Sie decken sich jedoch nicht unbedingt mit den Beschreibungen in diesem Buch. Daneben gibt es Holzschilder und rot-weiße Blechschildchen griechischer Organisationen. Vor allem auf Kárpathos und Tílos wird das alte Wegenetz mittlerweile markiert und gepflegt. Für einige Inseln gibt es Straßenkarten und neuerdings auch **Wanderkarten**, etwa vom Kompass-Verlag oder dem griechischen Anavasi-Verlag.

Da weiterhin neue Fahrwege entstehen, können einzelne Wegbeschreibungen teilweise nicht mehr aktuell sein, so dass es zu Orientierungsproblemen kommen kann. Einheimische sollte man in diesem Fall besser nach dem »Monopáti« fragen, da man sonst auf Fahrstraßen geschickt wird. Meist muss man sich jedoch alleine helfen. Auf abseits liegenden Pfaden führt Eselsdung sicherer weiter als Ziegenlosung, weil Ziegenwege irgendwo im Gestrüpp enden, während die Bauern mit ihren Eseln die Hauptpfade benutzen und stets zum Stall zurückkehren. Feldmauern oder Weidezäune aus Baustahlmatten kann man am besten mittels aufgehäufter Steine übersteigen. Manche Gatter werden an der Seite mit zwei senkrechten Stäben geöffnet. Dass Durchgänge wieder geschlossen werden, ist man den Bauern, deren Land man betritt, natürlich schuldig. Der Zugang zum Meer ist in Griechenland grundsätzlich erlaubt.

Viele der Start- und Endpunkte werden auch in der Nebensaison von öffentlichen Bussen angefahren. Falls kein Bus fährt, kann man auf Taxis umsteigen. Den Preis sollte man jedoch unbedingt vor Fahrtantritt aushandeln, Taxameter werden nämlich äußerst ungern eingeschaltet. Bei Rundwanderungen bietet sich die Nutzung der relativ günstigen Mietwagen oder Leihmopeds an. Überdies nehmen sowohl fremde als auch einheimische Autofahrer gerne mal ermüdete Wanderer mit.

**Die Wanderausrüstung** sollte umfassen: Tagesrucksack, Schuhe mit guten Sohlen, alte Socken, lange Hosen oder Zipp-Hosen*, eventuell ein Mobiltelefon, Trillerpfeife, Fernglas, kleine Taschenlampe und Picknicksachen (mit Salzstreuer). Im Frühjahr und Herbst kann ein Regenschutz nützlich sein. Ein GPS-Gerät oder Kompass wäre gut, ist aber bei einigermaßen gutem Orientierungsvermögen nicht erforderlich.

*Falls Zipp-Hosen auch senkrechte Reißverschlüsse haben, lassen sich die »Beine« zu einer Badeunterlage zusammenzippen.
Oder sogar zu einem schicken Rock für Klosterbesuche!

# Klima und Wanderzeiten

Auf dem Dodekánes herrscht das typische gemäßigte Mittelmeerklima mit heißen Sommern und milden, regenreichen Wintern. Die maximale **Lufttemperatur** liegt bei 32 °C im August (nachts 22 °C). Im Februar sinkt die Temperatur auf 15 °C (7 °C). In Höhen über 1000 m kann dann alle 3–4 Jahre Schnee fallen und kurzfristig liegen bleiben.

Die **Wassertemperaturen** sind mit 16 °C im Februar am niedrigsten und erreichen im August fast subtropische 25 °C. Baden kann man ab Ende Mai bei 19 °C bis in den Oktober (22 °C).

Die Gebirge Kleinasiens verhelfen den vorgelagerten Inseln zu mehr **Regen** als den westlicheren Kykladen. Die Regentage verteilen sich aber sehr ungleich übers Jahr: Im Dezember und Januar fällt die Hauptregenmenge, es regnet ungefähr an 14 Tagen. Im Mai muss man noch mit 3 Regentagen rechnen, während von Juni bis August absolute Trockenheit herrscht. Der Oktober hat statistisch schon wieder 6 Regentage, die jedoch noch nicht sehr ergiebig sind.

Die Zahl der täglichen **Sonnenstunden** ist entsprechend. Im Dezember und Januar scheint nur an etwa 4,5 Stunden die sehr kräftige Wintersonne. Im Mai erwarten den Wanderer schon 10,1 Sonnenstunden und im August muss der Badegast mit 12,1 Stunden fertig werden. Der Oktober ist mit 7,8 Stunden wieder angenehm für Herbstwanderungen.

Charakteristisch für die Inseln der Ägäis sind starke **Nordwinde** mit drei bis vier Beaufort im Jahresmittel. Eine Ursache dafür liegt im Luftdruckgefälle zwischen dem Azorenhoch und dem Hitzetief über dem Persischen Golf. In den Übergangsjahreszeiten, besonders im April und Mai sowie im Oktober und November, herrscht der Boréas, ein feuchtkühler Nordwind. Im Sommer (Mai – September) blasen oft tagelang die berühmten Etesien, die Meltémia (aus dem türkischen »meltem«, die Brise) genannt werden. Der Meltémi bläst tagsüber mit einer Stärke von fünf bis sechs bei wolkenlos blauem Himmel gleichmäßig aus Nord bis Nordost. Die

Luft kann dann trüb sein. Gegen Abend hin flaut er normalerweise ab, kann aber auch, bei größerer Stärke, tagelang wehen.

Seltener, vor allem im Frühjahr, weht der Schirokko. Er kommt aus der heißen Sahara, nimmt Feuchtigkeit über dem Mittelmeer auf und erreicht dann feuchtwarm die Ägäis von Süden her.

Auf den griechischen Inseln gibt es verschiedene **gute Zeiten zum Wandern**. Wer das Auge verwöhnen möchte, wandert um die Osterzeit. Es kann zwar noch etwas kühl und der Boden sogar matschig sein, aber die Landschaft ist grasgrün, mohnrot und ginstergelb, die Häuser und Gassenbeläge sind frisch geweißelt. Allein die Vorbereitungen zum griechischen Osterfest zu sehen, sind eine Reise wert. Allerdings kann man noch nicht baden und einige Hotels und Tavernen sind noch geschlossen. Im April kann es kurzfristig regnen. In der von den Griechen benutzten Dreiteilung des Jahres wird diese Zeit »Blüte- und Reifezeit« genannt.

Im Mai und Juni ist die Blüte zwar schon teilweise vorüber, da es aber schön warm ist und sich die Zahl der Touristen noch in Grenzen hält, ist das zum Wandern wohl die schönste Zeit. Ab Ende Mai hat das Wasser eine angenehme Temperatur.

Die Touristenhochsaison im Juli und August ist wegen der Hitze zum Wandern nicht unbedingt zu empfehlen. Es ist die griechische »Trockenzeit«. Die stetig wehenden Nordwinde machen die Temperaturen jedoch erträglich, mittags empfiehlt sich aber ein schattiges Plätzchen unter einem Baum. Ab Juli beginnt die Erntezeit. Am 15. August, Mariä Himmelfahrt, in der Ostkirche »Entschlafung«, finden überall große Feste mit Hammelbraten, Musik und Tanz statt.

Ab Anfang September ist die Hitzeperiode vorüber und bis Ende Oktober ist das Baden immer noch sehr angenehm. Jetzt lassen sich wieder längere Touren unternehmen, wegen der kürzeren Tage allerdings nur noch bis etwa 18 Uhr. Das Land ist gelb und braun geworden, überall trifft man freundliche Bauern bei der allerletzten Ernte. Ab Anfang Oktober kann es wieder regnen. Allmählich schließen Lokale und Hotels und manche Besitzer ziehen um in ihre Winterdomizile nach Athen. Andere ziehen Tarnanzüge an, greifen zur Waffe und durchstöbern das Unterholz. Eine Million Griechen sind leidenschaftliche Jäger. Meistens erfolgt im November ein Klimaeinbruch mit starkem Regen. Dann wird's ungemütlich. Die Jahreszeit von November bis Februar wird »Regenzeit« genannt. Obwohl es um die Weihnachtszeit einige sonnige und warme Tage geben kann, ist es zu dieser Zeit daheim gemütlicher.

# Geologie

Geologisch sind zwei unterschiedliche Entstehungsarten festzustellen. Der **nördliche Dodekánes** besteht aus Schelfinseln. Sie erheben sich 100 bis 200 Meter aus dem vorgelagerten asiatischen Festlandsockel, dem Schelf, und sind vom Festland im Lauf der Erdgeschichte abgetrennt worden. Die nördliche Ägäis wurde erst nach der letzten Eiszeit vom Meer überflutet. Nach verschiedenen Hebungen und Senkungen haben die Inseln ihre heutige Form angenommen. Diesen Sockel haben mehrere Vulkane durchbrochen, wie auf Nísyros oder Kos. Nach Westen hin fällt der Meeresboden auf 1000 Meter ab und bildet dort die geologische Grenze zu Europa.

Dagegen bilden **Rhódos und Kárpathos** zusammen mit Kreta einen weiten Inselbogen, der sich von Kleinasien bis zum Peloponnes zieht. Diese Inseln ragen aus einem unterseeischen Kalkgebirge heraus, das seitlich bis in 2500 Meter Wassertiefe abfällt. Es entstand vor 50 Millionen Jahren durch den Druck der afrikanischen auf die europäische Kontinentalplatte. Auf diesem Inselrücken erheben sich die höchsten Berge der Ägäis: der Atáviros auf Rhódos (1215 m), der 1214 m hohe Kalilímni auf Kárpathos und der Ida, der sich 2456 m über Kreta türmt.

# Fauna

Bedingt durch die niedrige Vegetation fehlen größere Wildtiere. Lediglich auf Rhódos gibt es seit dem Altertum Rehwild, das von den Italienern wieder aufgezüchtet worden ist. Das Fehlen von Wäldern bringt mit sich, dass nur kleinere wildlebende Tiere wie Hasen und Marder beheimatet sind. Haustiere wie Ziegen und Schafe sind deshalb die größten Tiere, auf die man trifft. Der Verbiss durch Ziegen behindert das Wachstum kleinerer Pflanzen so sehr, dass die Haltung von Ziegen jetzt sogar gesetzlich eingeschränkt wurde. Manchmal werden Weideflächen abgebrannt, um Ziegen später frisch nachgewachsene Nahrung zu schaffen. Eher exotisch muten die wenigen Kühe an.

Von den kleineren Tieren hört und sieht man oft Eidechsen, von denen der bis zu 40 cm große Hardun ① wie ein Miniatur-Drachen aussieht. Landschildkröten sind mittlerweile selten geworden.

Von den Schlangen ist nur die Horn- oder Sandviper ② giftig. Sie kann bis zu 50 cm lang und doppelt daumendick werden. Ihr Biss ist aber für einen gesunden Erwachsenen kaum tödlich. Ähnlich groß ist die ungiftige Sandboa. Die große, aber ebenfalls harmlose

dunkle Vierstreifennatter wird etwas länger als einen Meter und ist dann fast armdick. Wenn man sich nicht allzu geräuschlos bewegt, verziehen sich die Schlangen rechtzeitig. Lange Hosen bieten zusätzliche Sicherheit. Auf keinen Fall sollte man größere Steine aufheben, da sich darunter Schlangen befinden könnten.

Auch die bis zu 5 cm langen Skorpione verstecken sich dort, ihr Stich ist zwar schmerzhaft, aber nicht tödlich. Sie lieben es außerdem, sich in Schuhen zu verstecken.

In Flussläufen leben zeitweise Wasserschildkröten, Krebse, Frösche und Aale. In felsigen Meeresbuchten sieht man manchmal Seeigel ③, um die man ohne Badeschuhe besser einen Bogen macht.

In der Luft suchen Greifvögel wie Bussarde, Falken und Gänsegeier nach Beute. Zugvögel fallen leider oft der Jagdleidenschaft der Griechen zum Opfer.

## Flora

Die Inseln des Dodekánes sind grüner als andere griechische Inseln, da sich an den Bergen Kleinasiens die Wolken stauen und

höhere winterliche Regenmengen bewirken. Kiefernwald ① ist jedoch nur auf den größeren Inseln zu finden. Schon in der Antike wurde mit der Abholzung für den Schiffbau begonnen, sommerliche Waldbrände zerstörten die übriggebliebenen Wälder, so dass Teile der Landschaft heute karstig wirken. Dafür sind auch die Kalkböden verantwortlich, die kein Wasser speichern können. Trotzdem besitzt Griechenland neben Spanien die größte pflanzliche Artenvielfalt Europas.

Der **Baumbestand** setzt sich meist aus Solitären zusammen. In wasserreichen und geschützten Gegenden wachsen höhere Stein- und Kermeseichen ②, an Stränden die salzverträglichen Tamarisken ③. In den Ortschaften stehen Platanen ④ und auf Friedhöfen die säulenförmigen Zypressen. Verbreitet sind Akazien, Pappeln, Erlen und Ahorn, Eukalyptus- ⑤, Maulbeer- ⑥ und Johannesbrotbäume ⑦. An Obstbäumen findet man Granatapfel-, Feigen- ⑧ und Zitrusbäume. Die im Alter bizarr verwachsenen Olivenbäume verleihen der Landschaft ihren besonderen südländischen Charakter.

In landwirtschaftlich nicht genutzten Gegenden verweben sich niedrige Sträucher zu einem dornigen Gestrüpp. Diese Garigue heißt auf Griechisch »**Phrýgana**«. Ginster, Flockenblumen, Erika und Wolfsmilchgewächse ⑨ ⑩ sind die typischen, oft igelförmigen Pflanzen dieser kniehohen »niedrigen Macchia«. Dort blühen Meerzwiebel und Affodill ⑪.

Seltener findet man dichteren, bis zwei Meter hohen Buschbestand aus immergrünen Bäumen und Sträuchern. Diese »hohe Macchia« bezeichnet man im Griechischen als »**Xerovoúmi**«. Hier findet man Kermeseichensträucher mit gezackten Blättern ② und Wacholder- und Mastixsträucher ⑫. Mastix wird zur Herstellung von Kaugummi und Raki-Schnaps verwendet.

Die den Kaktusgewächsen zuzurechnende Agave ⑬ stammt aus Amerika und ist seit dem 16. Jahrhundert heimisch. Der Feigenkaktus ⑭ bietet auf Wanderungen seine Frucht als süße Zutat zum Picknick.

**Blumen** kann man hauptsächlich im Frühling erleben. Am Ende des Winters blühen Anemonen und Krokusse. Ab Februar folgt dann bis zum Mai/Juni die ganze Pracht von weiß- und rot-

blühenden Zistrosen ⑮, Iris, Narzissen, Hyazinthen und Lupinen. Die Chrysanthemen und der Ginster zaubern Gelb in die Landschaft und der Mohn das leuchtende Rot.

Kurzzeitig blühen im Frühling sogar kleinere **Orchideen** wie Ragwurz (Ophrys) ⑯, Knabenkraut (Orchis), Zungenstendl (Serapias) und Drachenwurz ⑰.

Im Sommer leuchten an den Häusern Bougainvillea und an feuchten Stellen in den Flusssenken blüht der Oleander. An Wegerändern harren der stachelige Akanthus ⑱ und die Golddistel ⑲ aus.

Nach der Sommerhitze zeigen sich Herbstzeitlose, Erika und Meerzwiebel. Auch der Löwenzahn, die Distel und das Alpenveilchen beginnen wieder zu blühen.

Oft stehen Salbei ⑳, Kapern ㉑ und weitere Küchengewürze am Wege. Ein ganz besonderes Erlebnis bei Wanderungen auf den griechischen Inseln bereiten die Düfte von Thymian, Rosmarin, Lavendel, Oregano, Kamille und Fenchel.

Landwirtschaftlich angebaut werden Kartoffeln, Getreide und Gemüse. Und natürlich Wein.

# Geschichte im Überblick

**Prähistorische Zeit**   Erste Spuren menschlichen Lebens aus dem 5. Jahrtausend v. Chr. wurden auf Rhódos nachgewiesen. Die Lage zwischen Europa und Asien macht die Inseln zum Mittler zwischen den Welten und zur ältesten Kulturlandschaft Europas. Vor 4000 Jahren kommen die Phönizier von der Küste des heutigen Libanon. Sie vermitteln das Wissen der Assyrer und Babylonier und bringen die Schrift und das Geld.

Um 1400 v. Chr. lösen minoische Siedler aus Kreta eine erste kulturelle Blütezeit aus. Ab 1500 v. Chr. wandern Achäer vom Peloponnes ein. Nach 1100 v. Chr. werden die Inseln der Ägäis und Kleinasien von Griechenland aus in mehreren Wellen kolonisiert.

**Archaische Zeit**   (700–490 v. Chr.) Auf dem nördlichen Dodekánes dominieren die Ionier, südlich der Insel Léros herrschen die spartanischen Dorer. Dort erreicht die rhodische Stadt Líndos bald eine überragende Bedeutung. Von Rhódos aus werden Kolonien bis in Sizilien und Spanien gegründet. Im 8. Jh. entsteht die »Hexapolis«, der Bund von drei rhodischen Stadtstaaten mit Kos sowie Knidos und Halikarnassos in Kleinasien.

Seit 540 v. Chr. erweitert das persische Großreich von Osten her seinen Einfluss bis zu den griechischen Kolonien in Kleinasien. Die Griechen der Ägäis und Kleinasiens verbünden sich daraufhin mit Athen im Attisch-Delischen Seebund mit der Kykladeninsel Délos als geistigem und kulturellem Zentrum. Die Perserkriege werden unausweichlich und beginnen 490 v. Chr.

**Klassische Zeit**   (490–336 v. Chr.) Die dorischen Inseln kämpfen zu Beginn der Perserkriege auf gegnerischer Seite. Beim endgültigen Sieg über die Perser 449 v. Chr. stehen aber auch sie auf der Seite Athens. Ungeheure Reichtümer werden im folgenden »Goldenen Zeitalter« auf Délos angesammelt. Als Athen diesen Schatz wegschafft und seine Partner zu Vasallen machen will, kämpfen sie im Peloponnesischen Krieg im Verbund mit Sparta gegen, teilweise aber auch mit Athen. Zurück bleibt ein für immer geschwächtes Griechenland. Athen verliert alle Bedeutung, hingegen wird Rhódos mit 80.000 Einwohnern bald eine der reichsten Städte der damaligen Welt.

**Hellenistische Periode**   (338–146 v. Chr.) Die nordgriechischen Makedonier erobern 338 v. Chr. Griechenland, kurze Zeit später auch die Inseln, und übernehmen die griechische Kultur. Der

Makedonier Alexander der Große trägt diese Kultur, die jetzt »Hellenismus« genannt wird, kurzzeitig bis nach Indien. Unter seinen Nachfolgern festigt Rhódos seine Macht. Rhodische Bildhauer gelangen zu Weltruhm, es entsteht der 30 m hohe Koloss von Rhódos. Alexandria und Rhódos sind die geistigen Zentren des Mittelmeeres.

**Römische Periode**   (146 v.Chr.–330 n.Chr.) Die Römer, die ab 146 v.Chr. Griechenland beherrschen, machen die griechische Kultur ebenfalls zur ihrigen und verbreiten sie im damaligen Europa. Aus der griechischen wird die abendländische Kultur. Bedeutende Römer wie etwa Cäsar, Cicero, Cassius, Cato, Brutus, Tiberius und Pompejus besuchen den Dodekánes, sei es als Kurgäste des Asklipieion von Kos oder als Scholasten der Rhetorikschule von Rhódos. Der Apostel Paulus durchfährt 51 n.Chr. die Inseln, die sehr früh in Kontakt mit dem Christentum stehen, das 391 n.Chr. auch in Ostrom Staatsreligion wird. Als Délos Freihafen wird, verliert Rhódos seine wirtschaftliche Bedeutung.

**Byzantinische Epoche**   (330–1207 n.Chr.) Während Westrom 476 n.Chr. in der Völkerwanderung untergeht, bleibt der Ostteil des Imperium Romanum noch für weitere 1000 Jahre Träger der antiken griechisch-römischen Kultur. Byzanz, das Zweite Rom, wendet sich nach Osten, missioniert die Slawen und verbreitet griechisches Denken bis Moskau, das sich später Zweites Byzanz oder Drittes Rom nennen wird. Neue Ideen des Islams beeinflussen im 8. und 9. Jahrhundert auch Griechenland und führen zum Bilderstreit, dem Ikonoklasmus. Hierbei geht es um die Zulässigkeit der bildhaften Darstellung Gottes und der Heiligen. Die Bildverehrer siegen schließlich.

Europa beginnt auseinander zu driften, es vertiefen sich zudem die religiösen Gegensätze. Strittig ist, ob der Heilige Geist nur von Gottvater ausgeht oder auch von seinem Sohn, wie die Römische Kirche lehrt, ebenso, wie die leibliche Himmelfahrt Mariens angezweifelt wird, die in der Orthodoxen Kirche eine »Entschlafung« ist. 1054 erfolgt das Schisma, die endgültige Trennung der griechisch-orthodoxen Ostkirche von der lateinischen Westkirche Roms.

In dieser unsicheren Zeit werden die Inseln der Ägäis häufig von Vandalen, Goten, Normannen und schließlich Sarazenen überfallen. Die Inselbewohner ziehen sich in die Bergdörfer zurück. Erst im 9. Jh. kann Byzanz seine Macht wieder festigen. Nach Persern, Arabern und Seldschuken ist aber jetzt eine neue asiatische Großmacht an den Ostgrenzen von Byzanz aufmarschiert: das Türkisch-Osmanische Reich. Mit ungeheurer Kraft drängt es nach Westen. 1095 bittet Ostrom den Papst Urban II um Hilfe – die Kreuzzüge beginnen. Sie sind ein Fehlschlag. Jerusalem, zuvor ein frei zugänglicher kosmopolitischer Pilgerort, kann nicht von den Christen gehalten werden. Beim vierten Kreuzzug kommt es zudem zu einer der größten Kurzsichtigkeiten der Weltgeschichte. Wegen Handelsrivalitäten veranlasst Venedig die Kreuzritter im Jahre 1204, die byzantinische Hauptstadt Konstantinopel zu plündern. Die Quadriga auf dem Markusplatz ist ein Teil der Beute. Von dieser Schwächung kann sich Byzanz nie mehr erholen und wird 1453 von den Türken erobert.

**Zeit der Venezianer und Johanniter** (1204–1523) Für die meisten Inseln des Dodekánes beginnt nach der Brandschatzung Konstantinopels erst die venezianische, dann die genuesische Herrschaft. 1309 verkauft Genua die größeren Inseln des Dodekánes an die aus Jerusalem vertriebenen Johanniter, die teilweise aber auch, wie im Fall Rhódos, gewaltsam den nominellen Eigentümer Byzanz vertreiben. Der Johanniterorden will von hier aus das Christentum verteidigen. Er macht Rhódos zum Zentrum seiner Macht und baut die Stadt zur stärksten Festung Europas aus.
Das Osmanische Großreich lenkt seine ganze Kraft auf die Eroberung Europas. Schon 1480 wird Rhódos zum ersten Mal erfolglos belagert. Nachdem die mächtigste Festung des Abendlandes dann 1523 endgültig gefallen ist, dringen die Türken weiter nach Westen. Erst vor Wien und Malta kann die »Heilige Liga« des Papstes ihren Siegeszug stoppen.

**Türkische Epoche** (1523–1912) Der Fall von Konstantinopel 1453 markiert das Ende der tausendjährigen griechisch-antiken Hochkultur. Geflüchtete byzantinische Gelehrte bringen griechisches Gedankengut ein weiteres Mal nach Westen, was die Renaissance stark beeinflusst. Die Geschicke der Orthodoxen Kirche werden seither in Moskau bestimmt, das den Doppeladler als Staatswappen übernimmt.
In Griechenland ist für 350 Jahre das gesamte Leben, vom Essen bis hin zur Musik, türkisch dominiert. Diese Einflüsse sind heute noch spürbar. Auf den Inseln gibt es teilweise größere Freiheiten, die aber immer vom jeweiligen Vertreter der »Hohen Pforte« in Istanbul abhängen. Die Orthodoxe Kirche erweist sich während dieser Zeit als Hort des Griechentums. In Geheimschulen werden die Kinder in griechischer Sprache und Schrift unterrichtet.

**Unabhängiges Griechenland**  (seit 1821) Endlich, zu Beginn des 19 Jh., besinnt sich Europa seiner kulturellen Wurzeln. Die politische Stabilität des nachnapoleonischen Europas und der Klassizismus in der Kunst lenken den Blick nach Osten. Philhellenen aus vielen Ländern unterstützen nach 1821 den griechischen Freiheitskampf, europäische Großmächte helfen diplomatisch. Griechenland wird wieder Teil Europas.

Allerdings nicht die Inseln vor der türkischen Küste. Das Londoner Protokoll von 1830 regelt die Neuordnung des Ägäisraumes und bestimmt deren weitere Zugehörigkeit zur Türkei. Lediglich die Verwaltung bekommt eine größere Autonomie.

**Italienischer Dodekánes**  (1912–1947) Das erst 1861 geeinte Italien besaß bis dato keine Kolonien. 1912 beginnt es einen siegreichen Nordafrikakrieg gegen die Türkei und bedient sich beim »Kranken Mann vom Bosporus«. Griechenland besetzt gleichzeitig Kreta und Samos. Nach griechischen Aufständen auf dem Dodekánes verlassen die Türken auch diese Inseln und die Italiener treten als neue Herren auf. Der Dodekánes wird später als »Italienische Besitzungen in der Ägäis« dem neuen Imperium Romanum Mussolinis einverleibt. Nach dessen Ende besetzen ihn 1943 deutsche Truppen nach teilweise heftigen Gefechten mit den Italienern. Hier wie andernorts wird damit begonnen, Juden in die Vernichtungslager zu deportieren. Die deutschen Besatzer bleiben teilweise bis zum letzten Kriegstag, da die Alliierten der Rückeroberung des Balkans den Vorrang geben.

Die »Ennosis«, die späte Heimkehr zum Mutterland, erfolgt schließlich 1947, nach kurzer britischer Verwaltungszeit. Davor spricht sich die Bevölkerung in einem Referendum gegen einen Beitritt zum britischen Commonwealth aus.

**Nach dem 2. Weltkrieg**  Griechenland entgeht mit amerikanischer Hilfe im Bürgerkrieg von 1945 bis 1949 dem Schicksal der anderen Balkanstaaten und verschwindet nicht hinter dem Eisernen Vorhang. Später erfolgt die Aufnahme in die wichtigsten Institutionen Europas. Europäische Subventionen führen zur Verbesserung der Infrastruktur und entwickeln den Tourismus, der zum wichtigsten Wirtschaftszweig wird. 2002 wird die Drachme, die älteste Währung der Welt, vom Euro abgelöst. Wirtschaftliche Probleme erfordern um 2010 weitere Hilfen Europas.

Kástro Kritiniás

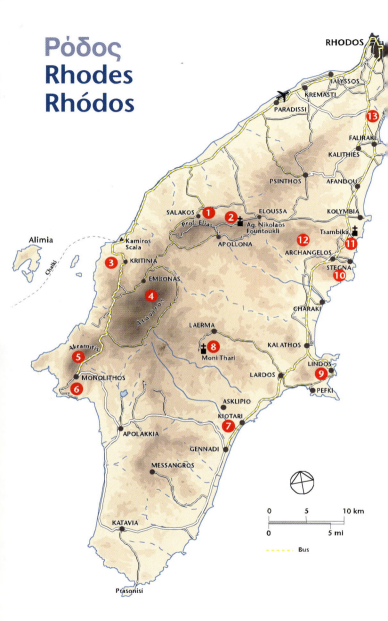

Ρόδος
Rhodes
Rhódos

RHODOS

IALYSSOS
KREMASTI
PARADISSI

13

FALIRAKI
KALITHIES

PSINTHOS
AFANDOU

SALAKOS 1
Prof. Elias
2
ELOUSSA
Ag. Nikolaos
Fountoukli

KOLYMBIA

Alimia
Kamiros
Scala
APOLLONA
12
Tsambika 11

Chalki
3 KRITINIA
ARCHANGELOS

EMBONAS
STEGNA
10

4
Atavyros

CHARAKI

LAERMA

Akramitis
8
Moni Thari
KALATHOS

5
LARDOS
LINDOS

MONOLITHOS
9

6
PEFKI

ASKLIPIO
KIOTARI
7

APOLAKKIA

GENNADI

MESSANGROS

0        5        10 km
0              5 mi

KATAVIA

- - - - -  Bus

Prasonisi

Schon zu Römerzeiten gab es regen Fremdenverkehr auf dieser uralten, von der Sonne verwöhnten Kulturinsel. Die feinen Familien Roms schickten ihre Söhne auf die »Roseninsel« in die Rhetorikschule des Poseidonios.

Heute ist Rhódos mit über einer Million Besuchern jährlich neben Kreta die meistbesuchte Insel der Ägäis. Allerdings konzentriert sich der Tourismus auf die Strände im Norden.

Nach dem Besuch der malerischen mittelalterlichen Altstadt, einem Weltkulturerbe, zieht es die Liebhaber von Natur und Landschaft schnell in die Inselmitte. Dort hat der Tourismus noch nicht überall Einzug gehalten. Man kann unberührte Wälder und Berge durchstreifen und so manche Kapelle mit bedeutenden Fresken entdecken. Auch auf Strände braucht man nicht zu verzichten.

Die Insel ist dank ihrer großen Wasservorräte sehr grün und fruchtbar. Das Inselrelief zeigt ein gebirgiges Rückgrat, das sich im westlichen Teil parallel zur Küste entlang zieht. Es wird dominiert vom 1215 Meter hohen Atáviros, dem höchsten Berg des Dodekánes. Östlich und südlich davon breitet sich bewaldetes Hügelland aus. Ganz im Süden ist die Landschaft wiederum flach und weniger spektakulär. Dort bestimmt Gestrüpp die Vegetation.

Ein Mietwagen ist die einfachste Möglichkeit, zu den verschiedenen Wanderungen zu gelangen. Häufige Busverbindungen gibt es nur auf der Ostseite der Insel. Hier bietet sich das schöne, aber turbulente Líndos als Standquartier für Wanderungen an.

Im Westteil übernachtet man am besten in den ursprünglichen Bergdörfern. Es gibt morgens und nachmittags Busse in beiden Richtungen.

Die Straßenkarten von ReiseKnowHow, freytag&berndt und Road Editions bieten teilweise Angaben für Wanderer. Im Kompass Verlag ist 2009 eine detaillierte Karte im Maßstab 1:50.000 erschienen.

Aus diesem Buch sind besonders die Wanderungen ①, ④, ⑤, ⑨ und ⑩ zu empfehlen. Von Rhódos aus kann man auch bequem Wanderausflüge zu den Nachbarinseln Chálki und Sími unternehmen.

# ❶ Alpenchalets am Profítis Elías

*Diese vier- bis fünfstündige Bergwanderung führt vom Dorf Sálakos steil, aber wunderschön hinauf zu den Gästehäusern der früheren italienischen Verwaltung und weiter zum Profítis Elías.*
*Das untouristische Sálakos besitzt gute Busverbindungen. Es ist trotzdem überlegenswert, dort zu übernachten und am plätschernden Brunnen stimmungsvoll zu Abend zu essen.*

■ *9 km, Höhenuntersch. 510 m, moderat bis schwer*

RGZ Vom Dorfplatz von **Sálakos** (230 m) geht man 500 m auf der Straße leicht ansteigend bis zu einer Rechtskurve mit

0.00 **Bushäuschen** und wendet sich nach links (Schild »footpath«). Von der folgenden Straße zweigt man 100 m da-

0.05 nach rechts aufwärts in einen **Pfad** (ebenfalls mit Schild)

!! ab. *Zehn Meter vor einem Bildstock* wenden wir uns nach links und ziehen (im Frühjahr) durch sattes Grün bergan. Der Zickzackweg ist teilweise von Kermeseichen beschat-

★ tet und bietet je nach Jahreszeit eine Blütenpracht aus Pfingstrosen, Veilchen und sogar Orchideen ①.

0.35 Nachdem man den steilen Teil des **Anstiegs hinter sich** hat (**P1**: N36°16,833/E27°56,828, 560 m), sieht man Antennen und wandert eben in den Kiefernwald hinein. Nach zwei Minuten erscheint in einer Baumlücke rechts oben die Michaelskapelle. Man folgt besser nicht dem Schild nach rechts, sondern erreicht sie, wenn der Weg in 50 m Entfernung an ihr vorbeiläuft. Von der Kapelle geht es zurück zum breiten Weg und von dort nach links in einen markierten Fußpfad. Dieser führt zu zwei verfallenen Häusern (li.) und weiter rechts hinauf zu den bei-

0.50 den **Hotels** ② (605 m).

*Diese Gästehäuser, benannt nach den Wappentieren von Rhódos, dem Hirsch und der Hirschkuh (Elafas und Elafína) wurden 1929 während*

*der italienischen Verwaltungszeit gebaut. Der Gouverneur des Dodekánes, der »Italienischen Besitzungen in der Ägäis«, verbrachte hier oben die heiße Jahreszeit. Nach dem Krieg verfiel die Anlage, wird aber seit 2006 wieder als vornehmes Hotel genutzt und ist ein Treffpunkt der einheimischen Gesellschaft. Für Hochzeiten ist die benachbarte Kapelle beliebt.*

*Auf der anderen Straßenseite empfängt ein rustikales Café ausgelaugte Wanderer und laute Jeepfahrer.*

Hundert Meter rechts vom Café führt ein Stufenweg aufwärts, an der leerstehenden Gouverneurs-Residenz (li.) vorbei zur ehemals katholischen Kapelle. Dahinter zieht ein etwas verfallener Fußweg durch die wildromantische Berglandschaft weiter aufwärts. Bevor die Stufen abwärts

1.05 führen, liegt rechts eine **Aussichtsfläche** (745 m), wo jeder einen passenden Stein zum Sitzen und Ausruhen finden wird. Der seitlich liegende Gipfel mit einer Antenne gehört dem Militär; der andere den Telefongesellschaften. In der Hochebene breitet sich Apollónas aus. Bei guter Sicht kam wohl auch der italienische Gouverneur de Vecci herauf und hat sich mit dem Fernglas davon überzeugt, dass »seine« Inseln noch alle da sind.

Für den Rückweg geht man die Stufen abwärts, am nächsten Gipfel vorbei, 30 m vor der Antennen-Zufahrt links und unterhalb des alten Tennisplatzes wieder zu den

1.25 **Hotels.**

*Alternative:* Der im Folgenden beschriebene, auch den Einheimischen kaum mehr bekannte Pfad ist ein kurzes Stück verschüttet und an einigen Stellen etwas schwierig zu erkennen. Man muss ein paar Mal über harmlose Felsen kraxeln, hat aber keine Probleme mit der generellen Orientierung. Es sind einige Farbmarkierungen vorhanden. Als Alternative dazu kann man den Aufstiegsweg auch wieder als Rückweg nutzen.

1.25 Direkt vor den **Hotels** führt ein Fahrweg zwischen den Ruinen der kleinen Mannschaftsquartiere hindurch hin-

1.30 unter zur verlassenen **Stromversorgungsanlage**.
Unterhalb liegt eine Quelle, die Perivóli heißt. Dort beginnt am Brunnenhaus ein Monopáti abwärts, direkt links von einer Metall-Wasserleitung. Der Pfad ist anfangs noch deutlich zu erkennen, endet aber bei einem bemoosten

1.35 **Steinhäuschen** (1,5 x 1,5 m). Ab hier geht man pfadlos im Bachbett, dann links oberhalb in 30 bis 40 m Abstand parallel dazu. Das Wasserrohr liegt ebenfalls rechts oberhalb.

1.45 Aus einem **Geröllfeld** verlässt man das Bachbett (**P2**: N36° 16,734/E27°56,407′) nach rechts hinauf zum Wasserrohr und folgt ihm ins Tal. Dabei entdeckt man den alten ab-

!! wärts führenden Pfad. In einem flacheren Teil *liegt rechts eine Lichtung* mit niedrigen Eichen. (Das Rohr läuft hier geradeaus abwärts weiter in ein Wäldchen hinein). Man verlässt die Wasserleitung nach rechts und findet hinter der Lichtung einen Pfad durch eine kleine Geländerinne (**P3**:

2.10 N36°16,929′/E27°56,573′). Er führt zum **Aufstiegspfad**,

2.20 den man links hinab nach **Sálakos** nimmt.

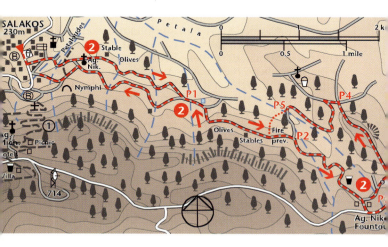

## ❷ Der Bilderreigen von Fountouklí

*Diese fünfstündige Wanderung führt von Sálakos auf leicht zu findenden, teils sehr breiten Fahrwegen durch schattigen Wald und alte Olivenhaine zur berühmten Kapelle Ágios Nikoláos Fountouklí.*
- ■ *14 km, Höhenunterschied 120 m, schwer*
▷ Plan siehe vorige Seite

RGZ
0.00

0.05

0.10

0.15

0.30

0.40

Von der beschaulichen **Platía von Sálakos** (230 m) läuft man die Hauptstraße etwa 200 m leicht bergan bis zum Vrysakla-Brunnen (re.) und geht schräg gegenüber auf einer Seitenstraße abwärts. Den Friedhof in 100 Metern Entfernung zur Linken, gelangt man rechts an einer Betonwand vorbei ins schattige **Tal** ☐. Nach dem ersten Bachbett geht es bei der Gabelung rechts. Im nächsten liegt links der Picknickplatz des hiesigen »Schmetterlingstales«. Geradeaus, dann aufwärts gehend, sieht man links die Inseln Chálki und Alímia. Bei der **Gabelung** biegt man rechts ab und geht 100 m später bei der Wasserzähluhr links zur **Nikolaus-Kapelle** von 2004. Von dort gelangt man links hinab an den oberen Rand der Pétala-Ebene und genießt, unter Kiefern wandernd, die weite Aussicht. Nach einem Schuppen (li.) passiert man ein Maschendrahttor, überquert unter riesigen Kiefern weitere Wassergräben und kommt zu einer **Lichtung mit Olivenbäumen** (li.). Nach einem weiteren Wassergraben geht es hinauf zum **Feldweg** (**P1**: N36°17,046'/E27°57,953', 250 m) und dort links abwärts.

An einer Gabelung marschieren wir rechts aufwärts, kurz danach links und durch einen weiten Olivenhain, an des-

| | |
|---|---|
| 1.00 | sen Ende sich **Ziegenställe** ausbreiten. Danach geht es auf der breiten Piste, einer Brandschneise, abwärts und bei der |
| 1.15 | **Abzweigung** (**P2**: N36°16,668'/E27°59,191') rechts aufwärts. In einem lichten Olivengarten gelangt man zu einer Taverne und dann zu den Ruinen eines italienischen Gutshofes. Die Straße führt links zur **Kapelle Ágios Nikoláos** |
| 1.40 | **Fountouklí** ☒ (**P3**: N36°16,460'/E27°59,844', 340 m). |

*Diese Kreuzkuppelkirche mit vier Apsiden oder Konchen wurde um 1500 von einem hohen Beamten für seine drei an Pest gestorbenen Kinder gestiftet. Die Familie ist in Augenhöhe in der Nische gegenüber dem Altar dargestellt, die Eltern mit dem Modell der Kirche, die Kinder betend im Paradiesgarten. Christus segnet sie. Bei ihm sind seine Mutter und Johannes der Täufer.*

*Alle Wände sind mit Fresken bedeckt. Die Taufe Christi, die Erweckung des Lazarus und die Flucht nach Ägypten sind unter anderem dargestellt. Aus der Kuppel herab betrachten 25 Heilige den müden Wanderer mitleidsvoll.*

*Hier befand sich früher inmitten von Haselnussbäumen (= Fountouklí) ein Kloster.*

| | |
|---|---|
| | Zurück geht es zuerst auf demselben Weg zum Olivenhain, dort aber bei der **zweiten Ruine** den Feldweg rechts |
| 1.45 | hinab, eben zwischen Olivenbäumen weiter und später |
| 1.50 | bei der **Abbiegung** links kurz ab-, dann aufwärts. Nach dem Anstieg sieht man das Meer zu beiden Seiten. |
| | Auf dem Kamm spaziert man zunächst eben weiter, sieht |
| 2.05 | den Profítis Elías und geht dann steil hinab zu einer **Wegekreuzung** (**P4**: N36°16,955'/E27°52,439'). Dort links |
| !! | abwärts und nach einer Minute *scharf links einbiegen!* Kiefernduft begleitet uns in den Talboden hinunter. In einer scharfen Linkskurve überquert der breite Waldweg das |
| 2.20 | **Bachbett** (**P5**: N36°16,811'/E27°59,108', 220 m). Genau dort folgt man pfadlos 30 m dem Bachlauf abwärts, steigt dann nach links aufwärts und kommt unterhalb von Fel- |
| 2.25 | sen (li.) wieder zur breiten **Piste** des Hinweges. |
| | Jetzt geht es rechts hinauf, an den Ziegenställen vorbei |
| 2.45 | und abwärts bis zur **Gabelung** vor einem Zaun (**P6**: N36° |
| 2.55 | 16,972'/E27°58,225'). Dort nach links zur **Rechtsabzweigung**, über die man auf dem Hinweg (= RGZ 0.40) heraufgekommen ist. Hier gehen wir jetzt aber links aufwärts, an |
| 3.10 | einem **Schafstall** (li.) und später oberhalb der Nikolaus-Kapelle vorbei zum Festplatz mit Weihnachtshöhle. Nach |
| 3.25 | 100 m führt ein Feldweg rechts hinunter nach **Sálakos**. |

# ❸ Die Burg am Meer

*Auf dieser vierstündigen Rundwanderung durch-*
*streift man auf Feldwegen ein fruchtbares Tal, rastet*
*an einem schattigen Dorfplatz, badet im Meer und*
*erlebt den Sonnenuntergang von der Ruine einer*
*Kreuzritterburg aus.*
*Die abgekürzte, leichte Tour von zweieinhalb Stun-*
*den führt nicht zum Dorf Kritiniá hinauf.*
■ *11 km, Höhenuntersch. 255 m, moderat bis schwer*

RGZ    Die Wanderung startet unterhalb der Burg Kritiniás (oder Kástro Kámeiros). Wer mit dem **Bus** kommt, muss von **Kámiros-Skala** zusätzlich zweimal 25 min. bzw. 1,8 km auf der Straße zum »Castle« bzw. zurück kalkulieren. Siehe Plan.

0.00    Vom **unteren Parkplatz** (mit Cantina, 95 m) des **Kástro Kritiniás** geht man abwärts auf der Zufahrtsstraße zurück und biegt nach 80 m in einen schmalen Fahrweg nach rechts ein. Später biegt man nach links auf einen breite-
0.05    ren **Feldweg** ab und steuert geradeaus durch eine Senke mit einem Gewächshaus (li.). Bald kommt oben im Hü-gelland das Ziel, das Dorf Kritiniá, in Sicht und darüber der 1215 m hohe Atáviros, der höchste Berg von Rhódos.

0.10    Bei einer scharfen **Linkskurve** ① (P1: N36°15,656'/E27°
!!     48,759') biegen wir in einen ackerähnlichen, *5 m breiten Streifen* nach rechts ab. Am Ende des von niedrigen Bäu-men gesäumten Streifens wird ein abwärts führender Trampelpfad mit Bewässerungsschläuchen sichtbar. Er
0.15    trifft unten auf einen **Fahrweg**, dem man links aufwärts folgt.

*Abkürzung:* Zu dieser Stelle (= RGZ 1.50, **P2**: N36°15, 568'/E27°48,888') kommen wir später zurück. Man könnte hier rechts abwärts gehen und die »**Kleine Tour**« machen.

An der ersten Gabelung geht's links, an der folgenden rechts und dann zwischen Gewächshäusern rechts am Fuß des Hanges entlang. In der fruchtbaren Ebene werden Tomaten, Kartoffeln und viele andere Gemüse angebaut.

0.20
0.30 Bei der **Gabelung** geht man geradeaus. Ein kleines **Bauernhaus** steht oberhalb des Weges, umgeben von grandiosem Chaos. 200 m nach diesem Haus geht es geradeaus, also links vom Schilf aufwärts. Das Bachbett wird bei

0.35 der **Kreuzung** in einer kleinen Senke nach rechts *auf einem Betonstreifen* (**P3**: N36°15,354'/E27°49,540') überquert. Während man sich steil aufwärts plagt, kann man sich an der wunderbaren Aussicht auf die Burg und das dahinterliegende Chálki erfreuen.

0.40 Weiter oben gelangt man zu einem **Wasserbecken** (re.) und geht hier nach links weiter. An der Wegekreuzung links vom Felsen geht es geradeaus zwischen Olivenbäumen aufwärts. Der Weg verläuft dann in einem weiten Rechtsbogen bis zu der zweiten Linksabbiegung an einer

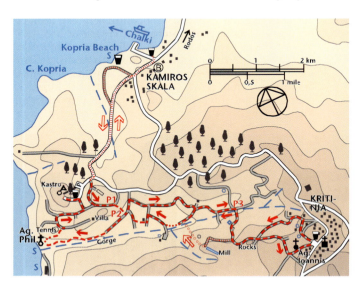

0.55 **Kreuzung.** Hier biegt man in den aufwärts führenden, *eingegrabenen Weg* ein und erreicht eine alte Kapelle.

> *Die weiße **Kapelle Ágios Ioánnis Pródromos** liegt eingefasst wie ein Juwel zwischen zwei Zypressen. Im Innern sind rußgeschwärzte, aber eindrucksvolle Fresken aus der Bauzeit im 13. oder 14. Jh. erhalten; hervorstechend der Tanz der Salome vor Herodes und die Enthauptung des Johannes.*

Auf einem Betonweg gelangen wir dann schnell zur verdienten Rast zum schattigen Dorfplatz, der »Piatsa« von

1.05 **Kritiniá** (255 m).

Wer sich im Dorf, das von Kretern gegründet wurde, umgeschaut und auch die sehenswerte Kirche nicht ausgelassen hat, geht bei der Piatsa an der linken, dem Tal zugewandten Seite auf dem Betonweg abwärts. Man passiert Wasserbehälter (li.), geht dort auf einem Fahrweg geradeaus weiter und in einem weiten Linksbogen dem Tal entgegen. Eine Rechtsabzweigung wird übergangen. Teilweise verläuft der Weg fast eben zwischen terrassierten Feldern und mündet wieder in die Wegekreuzung neben

1.25 dem Fels, wo man jetzt rechts hinab zum **Wasserbecken** wandert.

> *Alternative:* Wer hier links geht, kommt nach ein paar Minuten zu einem länglichen Wasserbecken, von dem aus eine uralte runde **Getreidemühle** betrieben wurde.

Vom Wasserbecken führt derselbe Weg wieder ins Tal hin-

1.30 ab und biegt beim **Schilf** nach links ab. 80 m nach dem »Chaos-Bauern« wandert man links abwärts. Wenn der Feldweg endet, geht man nach rechts in Richtung eines

1.40 kleinen Hauses über ein Feld zu einem weiteren **Feldweg.** Diesem folgt man nach rechts durch grüne Gärten und Felder, bis er sich vor einem Zaun gabelt. Nach links ge-

1.45 langt man zu einem **Gerätelager** und wendet sich danach bei einem Pumpenhäuschen nach rechts. Am Ende des Feldweges stellt ein Trampelpfad die Verbindung zu einem weiteren Feldweg her, dem man nach rechts folgt. Bei einer Gabelung geht man 50 m links und gelangt wie-

1.50 der an die Stelle, an der man vorher **herabgestiegen** ist (= RGZ 0.15, **P2** s.o.).

Dieses Mal schreitet man links abwärts in ein intensiv genutztes, fruchtbares Tal. Der Weg endet rechts von einem

1.55 Kartoffelfeld. Natürlich hat man sofort den **Pfad** entdeckt, der jetzt rechts aufwärts weiterhilft ②. Wunderbar

schlängelt er sich oberhalb einer schroffen Schlucht durch alle Gewürze der griechischen Küche: Thymian, Salbei, Majoran und viele mehr. Er endet in einer Küstenebene am **Meer**, wo die Reste der frühchristlichen Philimon-Basilika  freigelegt worden sind. Wer baden möchte, findet weiter südlich feineren Sand.

Direkt über der Ausgrabungsstätte führt ein mit Steinmännchen markierter Steig auf eine Ebene mit Landhaus (85 m), wo man links vom Zaun in Richtung Kastell weiter zieht. Bei einem **Fahrweg** läuft man links, lässt zwei Linksabbiegungen außer Acht und marschiert unterhalb der Burg  entlang, die sich hier von ihrer wildromantischen Seite zeigt. Nachdem man sie seitlich passiert hat, biegt man an der Kreuzung links ab, geht auf einem Fahrweg aufwärts und kommt zur **Straße**, die zur Burg führt.

*Das **Kástro Kritinías** ist die am besten erhaltene Johanniterburg der Insel. Sie wurde über einer älteren Burg errichtet. Der Bergfried, die gotische St. Georgs-Kapelle und die Schildmauer sind in gutem Zustand. Die Wappen der Ordensgroßmeister, die den Bau ab 1472 durchführen ließen, sind in die Außenmauer eingefügt. Die strategische Bedeutung ergab sich aus der Sichtverbindung zur Burg auf der gegenüber liegenden Insel Alímia. Besonders gegen Abend ist es bezaubernd, von hier über das Meer nach Chálki zu blicken.*

Wer zu Fuß **nach Kámiros-Skala** zurück muss, nimmt den Weg (auf einem kleinen Waldpfad) hinab zum Parkplatz, geht auf der Straße weiter unten links und hat vielleicht noch Kraft und Zeit für einen Abstecher zu Johnny's schöner Fischtaverne am Kopriá Beach.

# ❹ Alpintour zum Atáviros

*Die sechs- bis siebenstündige Tour mit dreistündigem Anstieg über baumlose Geröllfelder ☐ sollte nur von einigermaßen geübten Bergwanderern gegangen werden. Schwindelgefahr besteht jedoch keine.*
*Für den Rückweg benötigt man Orientierungsvermögen. Man sollte sich einen schönen Tag aussuchen, da die Gefahren bei Nebel nicht zu unterschätzen sind. Es gibt keine Zisternen.*
■ *15 km, Höhenunterschied 780 m, schwer*

| RGZ | |
|---|---|
| 0.00 | In **Émbonas** (435 m) liegt an der Straße nach Westen eine **Weinprobierstube**, die man vorläufig besser links liegen lässt. Nach der Kurve nimmt man nach der Betonwand |
| 0.04 | den ersten **Fahrweg** links aufwärts. Hier wächst der Villaré, der beste Weißwein von Rhódos. Der Weg verengt |
| 0.15 | sich zum **Pfad** (**P1**: N36°13,201'/E27°51,376', 530 m), der weiter oben auf einen anderen Fahrweg trifft, auf dem man horizontal 30 m nach rechts, dann auf einem Pfad links aufwärts zu einem weiteren Fahrweg geht und links |
| 0.20 | abbiegt. Unterhalb einer **Steinmauer** (**P2**:N36°13,134'/E 27°51,458') ☐ geht es links durch Felsbrocken steil aufwärts. In den Reben steht rechts eine Hütte, kurz hinter der man auf einer Leiter einen Zaun übersteigt. |
| | Nun geht man oberhalb des Zaunes entlang nach rechts |
| 0.30 | bis zu einer weiteren **Leiter** und ab dort anstrengend aufwärts – anfangs links, dann rechts von der Geröllrinne bis |
| 0.45 | zu den obersten **kleinen Olivenbäumen**. Dann links neben der Rinne im Zickzack aufwärts – hier liegt ein **Siche-** |
| 1.05 | **rungskabel**, mit dem es etwas leichter geht. Man ist |

| | |
|---|---|
| 1.30 | schließlich froh, wenn man oben die **Felskante** erreicht hat. Unterhalb davon geht es nach rechts, später nach |
| 1.50 | links zwischen den Felsen aufwärts ③ bis zum **Gipfel** mit eingezäunter Antennenanlage (**P3**: N36°12,554'/E27°51, 812'). Der mit 1215 m höchste Punkt des Dodekánes ist erreicht. Alle paar Jahre liegt hier sogar Schnee. Der neue Zaun umschließt leider auch die Ruinen eines Zeus-Tempels. Hinter den Hügeln im Süden rotieren die Zeichen der Zeit. |
| 1.55 | Rechts vom Zaun geht es abwärts zu einem alten **Fuß-** |
| 2.10 | **pfad**, der in Zickzack-Linien zur **Straße** hinabführt. Auf der anderen Straßenseite verläuft er schräg nach rechts versetzt wieder aus der Senke heraus und kreuzt nochmals |
| 2.25 | die **Straße.** Der wunderschöne alte Eselspfad läuft über den Hügel und sanft abwärts. Später steigt man an einer |
| 2.45 | günstigen Stelle nach rechts zur **Staubpiste** hinab. Sie leitet nach ein paar Windungen, oberhalb einer Schlucht, |
| 3.00 | weiter unten zu einer Hochfläche mit **Hausruinen** (re.) ④ (**P4**: N36°12,064'/E27°50,362', 810 m); 100 m vor Stromleitungen. |

> **Alternative:** Im Folgenden wird der alte Fußweg beschrieben, den auch die Einheimischen kaum mehr kennen. Bis zu diesem Pfad bewegt man sich 25 Minuten pfadlos zwischen der Phrýgana und den Felsen.

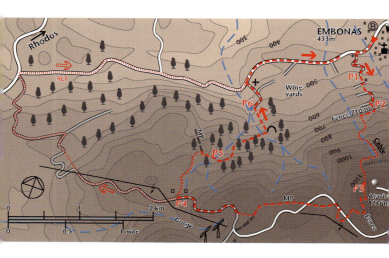

Wer es einfacher mag, kann weiterhin die breite **Piste** bis zur Straße (RGZ 3.55) benutzen und entweder per Autostopp oder zu Fuß nach vier bis fünf km Émbonas erreichen.

3.00 Nachdem man die **Ruinen** durchquert hat, wandert man zunächst im Graben durch die Senke. Später bleibt man pfadlos etwa 30 m links vom Graben, hüpft über Felsen und erblickt bereits Émbonas. Der Graben liegt später im Abstand von 100 m rechts und ist mit Kiefern bewachsen. Man geht immer noch fast horizontal und erreicht einen

3.30 lichten **Kiefernwald.** Dort halbrechts durch die Kiefern abwärts, einen Bergrücken zur Linken. Bald kreuzt man

!! einen *undeutlichen Pfad,* der erst nach rechts, dann links

3.35 hinabführt und nach einem Rechtsbogen die **Schlucht** quert (**P5**: N36°12,527'/E27°50,518').

★ Das Talbett liegt nun links und ein wildromantischer

!! Bergpfad beginnt. Er führt an einer *undeutlichen Gabelung* abwärts und nähert sich nach vier Minuten fast dem Boden der Schlucht. Von dort verläuft er nahezu eben auf Felsplatten und dann, leicht nach links abwärts, auf eine ausgehöhlte Felswand zu.

3.50 Vor den **Höhlen** schlurft man nach links abwärts. Beim

3.55 Zusammentreffen beider Schluchten ist eine **Viehtränke** (**P6**: N36°12,760'/E27°50,670'). Dort passiert man ein

4.00 Gatter, geht an der Gabelung links abwärts zur **Straße** und auf ihr nach rechts. Vielleicht findet man einen freundlichen Autofahrer, da es noch ein langer Weg nach

4.20 **Émbonas** ist. Man könnte bei der Weinprobierstube anhalten lassen und den Fahrer zu einem *Villaré* einladen.

# ❺ Bergwiesen unterm Akramítis

*Ein schattiger Pfad führt hinauf in das Massiv des Akramítis und durchquert weite, parkartige Bergwiesen. An einer verlassenen Kapelle vorbei, gelangt man zum Gipfel. Schwindelfreiheit ist nicht erforderlich. Nach dem etwas steilen Abstieg trifft man bei Sianá wieder auf die Straße. Die sehr schöne Tour dauert fünf Stunden – ohne brauchbare Zisternen. An mehreren Stellen muss man auf die Abzweigungen achten! Mit dem Leihwagen fährt man bis zu RGZ 0.12.*

■ *9 km, Höhenunterschied 500 m, schwer*

| | |
|---|---|
| RGZ<br>0.00<br>0.12 | In Monólithos (310 m) an der **Taverne** »Christos Corner« geht man die Straße aufwärts und bemerkt 250 m nach einer Rechtsabzweigung einen **Parkstreifen** rechts an der Straße. Gegenüber markieren gelbe Steinmännchen ① den Weg die Böschung hinauf. Im Wald biegt man nach |
| !! | 80 m bei einem Steinmännchen *rechtwinklig nach links* ab und wandert den schönen Fußpfad bergan. Ein weiteres |
| !!<br>0.22 | Steinmännchen markiert später die *zweite* **Abzweigung** nach rechts hinauf ② (**P1**: N36°08,215'/E27°44,454'). |
| 0.45 | Zunächst mühsam, später aber sehr angenehm geht's zwischen Kiefern aufwärts, mit grandiosem Blick zur weiten Apolakkía-Bucht. Nach dem **Ende des Anstieges** (**P2**: N36°08,653'/E27°44,487', 610 m) schlendert man im Wald zunächst abwärts, später wieder aufwärts, dann rechts oberhalb einer Schlucht horizontal weiter bis zu einer |
| 1.00<br>★ | wunderbaren **Lichtung** ③. Im Frühjahr blühen zwischen uralten Kiefern und Zedern alle Blumen Griechenlands. |

Dazu Ruinen und morsche Bäume – Caspar David Friedrich hätte bestimmt den Skizzenblock herausgeholt …
Durch violett blühenden Salbei steigt man ein paar Meter an und durchschreitet einen Steinwall, der früher ein Feld umgab. Dahinter sind es noch 200 Schritte, ehe eine Phalanx von **Steinmännern** (**P3**: N36°09,201'/E27°45,020') den Wanderer *nach rechts* auf die Höhe dirigiert und ihn *nicht geradeaus* dem breiteren Ziegenpfad folgen lässt.

Wenn man die Felsen aufwärts passiert hat, oben sowohl bei der ersten **Gabelung** als auch bei der folgenden links gegangen ist, breitet sich eine weitere Wiese aus, in der links, fast zu übersehen, die Kapelle **Ágios Ioánnis** (**P4**: N36°09,247'/E27°45,252') steht. Bis auf die stark beschädigten Fresken in der alten Apsis ist der Bau unscheinbar, besticht aber durch seine Lage in dieser verlassenen Gegend.

1.10 !!

1.15

1.25

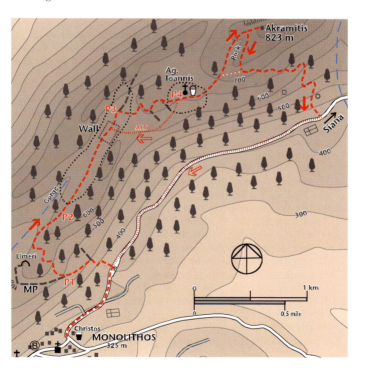

*Alternative:* Der Weg nach Siána hinab ist holprig-stolprig. Es ist wirklich zu überlegen, denselben Weg zurück durch die schönen Wiesen zu nehmen.

Auf der anderen Seite der Lichtung steigt ein rötlich gefärbter Pfad langsam an und bringt uns zu einer freien Wiese unterhalb eines Kiefernhains ④.

*Abkürzung:* Wer nicht ganz aufsteigen will, steigt im Hain nach rechts auf Ziegenpfaden über den Felsenkamm, wendet sich dann nach links und findet den Abstiegspfad nach Siáná.

Hinter dem Kiefernhain führt der Pfad durch eine Mulde und steigt nochmals an. Beim letzten großen – sich oben gabelnden – Baum steigt man rechts ein paar Meter durch die Felsen an und trifft auf eine Wegegabelung. (Zu diesem Punkt gelangt man später wieder.) Hier geht es links

1.55 hinauf zum Brandbeobachtungsturm und zum **Gipfel des Akramítis** (823 m). Der Blick über die schwindelerregenden Felswände nach Chálki ist gewaltig!

Der Weg ins Tal führt zuerst die 200 m zurück zur bekann-
2.00 ten **Wegegabelung** und dort nach links. Links vom Felsenkamm geht es anfangs waagerecht, dann, den Markierungen folgend, abwärts. Die Kiefern und Wacholder spenden uns erst weiter unten zwischen den Felsen ihren
2.30 Schatten. Nach einem runden **Kalkofen** (li.) erreicht man
2.40 einen 1,5 m hohen **Felsblock** mit Steinmännchen. Hier
2.45 geht es nach links und zur **Straße.**
(3.15) Nach **Monólithos** hinab sind es zu Fuß 30 Minuten, per Autostopp nur fünf.

Ins hübsche **Siáná** hinauf dauert es acht Minuten. Dort gibt's Honig, Joghurt und Grappa-*Sóuma.*

# ➏ Monólithos

*Auf dieser schönen sechsstündigen Tour umrundet man in respektvollem Abstand eine Kreuzfahrerburg, die auf einem steilen Felsen thront. Es gibt mehrere Bademöglichkeiten und abschließend einen tollen Sonnenuntergang. Die Strecke kann abgekürzt werden.*

■ *13 km, Höhenunterschied 315 m, schwer*

RGZ 0.00 — Vom alten **Dorfbrunnen** von **Monólithos** (315 m) schlendert man unter der Platane aufwärts und nach einer Rechtsbiegung der Straße links oberhalb der Gärten abwärts. Bei den letzten Häusern ① schwenkt man nach rechts in einen Betonweg, den links Lößwände flankieren. Durch Oliventerrassen führt er geradewegs in den Talboden. Dort biegt man in den Fahrweg nach rechts ein 0.10 — und folgt ihm nach der **Senke** geradeaus. An der Gabelung !! — geht man nach links und sollte nach einem kleinen Oli-0.15 — venhain den **Feldweg** *links abwärts* nicht übersehen.

Am Ende des Feldweges wandert man rechts an den Weinstöcken vorbei und danach halbrechts zwischen zwei Ge-0.20 — treidefeldern auf die rechte Waldecke zu, wo man ein **Gatter** geschickt auf- und zuknotet (**P1**: N36°07,180'/E27° 44,357'). Man findet ausreichend rote Punkte im lichten 0.25 — Kiefernwald, so dass bald der nächste **Waldrand** erreicht ist. Vor dem Meer liegen später wie Skelette die verkohlten Baumstämme des Feuers von 1999. Hier nimmt man die helle Felshalbinsel rechts neben dem breiten Ber-1.00 — grücken ② als Ziel. Am Ende des Weges liegt das **Felsenkap von Foúrni**.

*In der steilen östlichen Sandsteinwand der Halbinsel befinden sich frühchristliche Höhlen, die teilweise über 1000 Jahre alt sein sollen. Unterhalb der Steinreste des mittelalterlichen Wachturmes an der Spitze liegt eine kreuzförmige Höhlenkirche, in der ein Grab gefunden wurde.*

1.05 Am weiten Kiesstrand gibt es eine **Kantine.** (Hinter dem Parkplatz führt ein Fahrweg bergauf, der als Abkürzung dienen könnte.) Die Asphaltstraße führt zwischen Kiefern

1.15 zu einem weiteren schönen, einsamen **Strand.** Das nutzt man besser aus, denn jetzt geht es 115 Höhenmeter auf der Straße anstrengend aufwärts. Auf der Anhöhe liegt links neben der Straße ein Fels in Form eines Drachens, wie vom heiligen Georg erlegt (**P2**: N36°06,924'/E27°

1.45 43,090'). Er markiert den **Sandweg,** der danach links abwärts führt.

*Abkürzung:* Auf der Straße ist es eine Stunde nach Monólithos.

Wir gehen den Sandweg nach links, von dem bald eine Abzweigung nach links hinab führt. Unser Weg führt geradeaus und bietet beim Abwärtsgehen schöne Ausblicke auf das Kap Armenistís und die Insel Chálki. Nach der Rechtskurve sieht man hinauf zum Berg Akramítis, zur kleinen weißen Kapelle auf halber Höhe und zum Monolithen mit der Festung, deren Mauern aus dem Fels her-

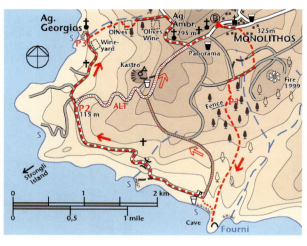

2.10
2.20
auszuwachsen scheinen. Der Weg steigt wieder an. 80 m nach einem **Weingarten** (re.) kann man jetzt schon mal den weiteren Weg nach oben suchen ③ und streunt dann weiter zur Kapelle **Ágios Georgios.**

> *Im einfachen Inneren reitet rechts der Drachentöter. Davor liegt ein schattiger Picknickplatz mit Granaten-Glocke – göttlich. Unten am Wasser eine Minibucht!*

2.25
!!
2.35
2.50
2.55
3.05
Auf demselben Weg zurück muss man gut aufpassen und darf nach vier bis fünf Minuten die **Abzweigung** ③ *nach links* mitsamt den *Steinmännchen* nicht übersehen (**P3:** N 36°07,657'/E27°43,152'). Ein alter, etwas verfallener Weg verläuft im Bachbett aufwärts, biegt nach acht Minuten auf einen Fahrweg nach rechts ab, führt weiter aufwärts, durchquert zweimal einen verfallenen Zaun und endet am Beginn eines **Fahrweges.** Dieser führt uns horizontal nach links und dann durch Kiefern hinauf zu einer **Lichtung** mit Oliven und Wein. Von dort gelangt man nach rechts aufwärts zur breiten ebenen **Straße** und nochmals rechts, vorbei an der **Ambrosius-Kapelle** (295 m) zur Straßengabelung.

> *Romantiker gehen jetzt 12 Minuten nach rechts hinab zum Kástro Monólithos ④ und genießen das Panorama bei Sonnenuntergang.*
>
> *Auf dem schon früh befestigten Zufluchtsort stand ab 1476 eine wichtige Johanniterburg, von der nur Ruinen übrig geblieben sind. Die Kapelle des Heiligen Panteléimon wurde später eingefügt. Früher war der grandiose Blick zu den Nachbarinseln strategisch wichtig.*

3.20
Die anderen wenden sich nach links, um in der Taverne »**Panorama**« den Wandertag zu beschließen. Beides nicht schlecht!

# ➐ Asklipío

*Im vom Tourismus verschonten Dorf Asklipío gilt es ein außergewöhnliches Schmuckstück zu entdecken: die wunderbaren Fresken der Kirche. Die drei- bis vierstündige Wanderung auf Fahrwegen bietet danach ein weites Meerespanorama und einen schönen Sandstrand.*
*Kurz vor Gennádi muss man den Bus verlassen bzw. das Leihauto stehen lassen.*
■ *11 km, Höhenuntersch. 180 m, leicht bis moderat*

RGZ     Hinter den Strandhotels von Kiotári liegt an der Küstenstraße rechts eine Tankstelle. Nach 300 m folgt eine Brücke und nach weiteren 300 m bittet man den Busfahrer, gegenüber der »Villa Maria« zu stoppen. Von hier führt ab

0.00    dem Pumpenhaus (li.) eine **Sandpiste** landeinwärts. Man passiert ein Baustofflager, bleibt bei einer Gabelung rechts, bei der nächsten links. Es geht dann leicht bergan – rechts

0.15    die gewaltige Betonwand eines Kieswerkes. Bei der **Gabelung** dahinter zieht man nach rechts in die Ebene des Flusses Katáchra. Rechts oben liegen Dorf und Burg Asklipío.

0.40    Die rechtwinklige **Abzweigung nach rechts** (P1: N36° 14,276'/E28°09,317') leitet uns durch das Trockenbett, danach nach links, später aufwärts. Unterhalb der Georgska-

0.50    pelle und vorbei an einem **Brunnen** wandert man weiter und wird nach einer Kurve von der weit ausgebreiteten, weißen Ortschaft empfangen ①. Unterhalb des Dorfes überquert man die Straße und zieht auf verwinkelten Gas-

1.00    sen nach **Asklipío** hinauf und unter dem Glockenturm hindurch zur berühmten **Kirche Kímissi tis Theotókou.**

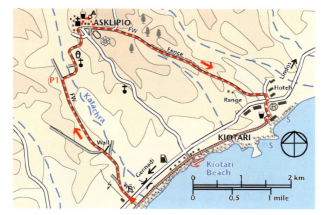

*Sie ist der Entschlafung Mariens geweiht. Die ursprüngliche Kapelle von 1060 in Form eines lateinischen Kreuzes wurde später durch Seitenschiffe erweitert und im 17. Jh. ausgemalt. Im Mittelschiff ist die Genesis, die Erschaffung der Welt, im rechten Querschiff die Johannesoffenbarung und im linken sind Bilder aus dem Leben Christi zu sehen.*

Danach geht man zuerst in die Gasse rechts vom Café

1.10 »Platía« und findet bald den Weg zur **Burgruine** ②. Aus der Johanniterzeit (s.u.) ist nur wenig stehen geblieben, dafür gibt es einen wunderschönen Blick.

Von oben peilt man den Sportplatz an und macht sich pfadlos zwischen Ölbäumen hindurch auf den Weg. Der sandige Platz liegt rechts unterhalb der Straße. Nach 100 m

1.20 geht man bei der **Abzweigung** den Fahrweg nach rechts abwärts und bleibt bei den nächsten Abzweigungen immer auf dem breiteren Weg durch den lichten Kiefernwald.

1.45 Der Zaun zur Linken soll Wildziegen abhalten. Die **Tontaubenschießanlage** bleibt rechts, bevor man auf einer

2.05 **Straße** nach rechts hinab zum Hotel »Rodos Maris« und

2.10 zur **Busstation** gelangt.

Der Fahrweg am Meer führt zurück zum Leihwagen.


▷ Für Geschichtsinteressierte bietet das Buch »Die Kreuzritter von Rhodos. Bevor die Johanniter Malteser wurden« von Michael Losse eine Fülle von Informationen (Verlag Jan Thorbecke, Ostfildern 2011).

# ❽ Moní Thári – vor dem Feuer gerettet

*»Wer einmal durch griechischen Wald wandern möchte ...« so begann diese Beschreibung früher. Im Juli 2008 verwüstete ein Feuer den Wald. Wegen des Wasserreichtums der Gegend dürfte sich die Natur jedoch bald wieder erholt haben. Schon sechs Wochen nach dem Feuer zeigte sich das erste Grün – wir wollen es weiterhin beobachten! Auf Fahrwegen ohne größere Steigungen geht es in vier Stunden zum berühmten Michaelskloster nach Thári und in einer weiten Schleife zurück nach Laérma. Außer in Thári gibt es keinen Brunnen.*

*Den Ausgangspunkt Laérma erreicht man am besten mit dem Leihwagen oder ab Lárdos per Taxi.*

■ *12 km, Höhenunterschied 100 m, moderat*

| RGZ | |
|---|---|
| 0.00 | Nach der **Kirche von Laérma** (re./ 285 m) passiert man auf der leicht ansteigenden Straße das Lokal »Igkos« (li.), wo der Wirt Panagiotis dem Wanderer gerne mehr vom Brand erzählt. 200 m nach dem Brunnen (re.) verlässt man die Straße nach einer Rechtskurve nach links abwärts in einen anfangs asphaltierten Weg. Links stehen bald die ersten verkohlten Bäume. Die andere Talseite blieb verschont ⬚. |
| 0.11 | Bei der **Gabelung** geht es geradeaus abwärts, weiter unten |
| 0.25 | nach rechts und bei der nächsten **Gabelung** (**P1**: N36° 08,513'/E27°55,704') ebenfalls. Kurz danach kommt man an einem Militärdepot (re.) vorbei. Bei der dortigen Wegegabelung gehen wir nach links hinab, gleich darauf nach |
| 0.30 | rechts und durch das **Bachbett**. |

2008    ⬚1    ⬚2    20(

Bei der folgenden Kreuzung geht es geradeaus aufwärts
0.55 und durch verbranntes Hügelland zum **Kloster Thári** ②
(**P2**: N36°07,987'/E 27°54,996'). Es wurde während des
Brandes besonders geschützt.

*Im dem Erzengel Michael geweihten Kloster leben 15–20
Mönche, die auch als Missionare wirken.*

*Besucher können die alte, vollständig ausgemalte Kirche
besichtigen, deren mit 600 Jahren ältesten Fresken sich
im Altarraum befinden. Mehrfach zu sehen ist der heilige
Michael mit Schwert in der Rechten und dem Kind in der
Linken. Mit seinem Schwert kämpft er gegen die Mächte*

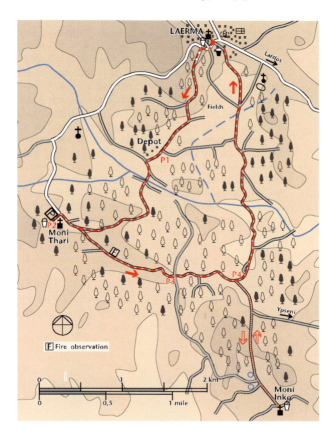

der Finsternis und begleitet die Seele, symbolisch dargestellt durch das Kind, ins Jenseits. Eine Besonderheit ist
die sitzende Darstellung Christi.

Für den weiteren Weg gehen wir ein kurzes Stück zurück
und an der Gabelung oberhalb des Klosters rechts hinauf.
Auf dem Höhenrücken sieht man links den Atáviros, den
höchsten Berg von Rhódos (1215 m) ③. Am Fuße dieses
Berges entstand durch die Unachtsamkeit eines Bauern
der Brand, der sich in einer Woche quer durch die Insel
bis hinab nach Lárdos fraß. Brennende Tiere und explo-
dierende Tannenzapfen beschleunigten ihn. Bald steht
1.05 die **Beobachtungsstation** der Feuerwehr am Weg. Bereits
1987 und 1992 gab es verheerende Waldbrände.

1.20 Bei der **Wegekreuzung** (**P3**: N36°07,781'/E27°55,883')
1.25 wandert man geradeaus, eine **Rechtsabzweigung** beachtet man nicht. Nach einem Anstieg auf 285 m nimmt
1.45 man dann aber die **Linksabzweigung** ins Tal (**P4**:
N36°07,477'/E27°56,508'). Hier hat das Feuer am meisten
gewütet. Aber schon 6 Wochen danach zeigte sich wieder
das erste Grün ④.

*Alternative:* Geradeaus kann man in einer Viertelstunde zum Kloster Inko mit einer Georgskirche wandern.

1.45 Nach der Linksabzweigung gelangt man auf einen breiten, abwärts führenden Waldweg, lässt eine breite Rechtsabzweigung außer Acht und zieht ins Tal, wo sich oben
das Dorf Laérma wieder zeigt.

2.00 Nach dem **Trockenbett** (190 m) streift man durch fast
unverbranntes Land aufwärts und geht bei einer gegabel-
2.25 ten **Kreuzung** in der Mitte hinauf nach **Laérma**.
2.35

# ❾ Die Akropolis von Líndos

*Außer mit dem Boot zu reisen, ist diese Wanderung wohl die schönste Art, nach Líndos zu gelangen. Zwischen Ölbäumen und Eichen geht es auf gut markierten Ziegenpfaden in drei Stunden wunderbar, aber ohne Wasserstellen durch ein dramatisches Felsental und auf einem Höhenrücken entlang. Die Rückfahrt nach Rhódos ist mit dem Boot möglich.*
■ *11 km, Höhenuntersch. 185 m, leicht bis moderat*

**RGZ**
**0.00** Die **Busstation von Vlichá** (50 m) liegt hinter der großen Straßenkreuzung. Von dort sind es auf der Straße nach Líndos 200 m bis zu zwei Brücken. Davor biegt man nach rechts in einen Feldweg und sofort links in ein Trockenbett ab. Auf der anderen Seite geht es pfadlos halbrechts durch Oliventerrassen aufwärts in Richtung Felswand.

**0.10** Rechts von der **Ecke eines Zaunes** (P1: N36°06,392′/E28° 03,494′) geht man halbrechts weiter, durch ein Trocken-
**0.15** bett bis zu einem **Fahrweg**, dort rechts und bei der fol-
**0.20** genden Gabelung links. Der Weg führt nach einem **Gatter** in eine eindrucksvolle, kiefernbestandene Schlucht ①.
*Bevor* der Fahrweg später nach rechts durch das Trockenbett läuft, gehen wir auf einem mit Steinmännchen mar-
**0.30** kierten **Pfad** geradeaus – das Trockenbett und der Fahrweg bleiben rechts. Der Pfad gelangt in einen weiten Kessel, in dem links ein Olivenhain liegt und geradeaus
**0.40** am Hang eine Höhle sichtbar wird. Diese große **Höhle** (**P2**: N36°05,690′/E28°03,215′) sollte man aber vorsichtig betreten, da sie einer großen Schafsherde zur Siesta dient. Zudem weiß der klassisch Gebildete, dass in den griechi-

schen Höhlen manchmal Zyklopen hausen.

Oberhalb der Höhle geht es leicht ansteigend durch spitze Felsen, zwischen denen vorwitzige Steinmännchen hervorlugen ②. Kermes-Eichen beschatten den Weg, der sich – eher rechts – am Bergfuß des Marmári entlangschlän-

0.55 gelt. Der **Sattel** (235 m) ist erreicht, jetzt geht es abwärts. Am Ende des folgenden Hochplateaus ist das Meer wieder zu sehen. Weiter unten führt unser Weg nach links auf einen kaum mehr sichtbaren Pfad, der rechts von einer Trockenmauer begleitet wird. Der weite Blick übers Meer und zu einer Gipfelkapelle soll aber nicht von den Stein-

1.25 männchen ablenken! Sie führen uns auf eine **Anhöhe** (**P3**: N36°05,216'/E28°04,111), wo sich die antike Akropolis von Líndos ins Bild schiebt. Die alten, verschachtelten Häuschen liegen noch unsichtbar in der Senke.

Der Rest ist schnell erzählt. Man lässt die Neubauten in

1.55 der Hochebene links liegen und freut sich auf **Líndos.**

**Rundwanderung:** Hat man das Auto in Vlichá stehen, kann man der Alternativstrecke in der Karte folgen.

# ❿ Zwei Burgen

*Bei dieser fünf- bis sechsstündigen Küstenwanderung kann man zwei Burgen besichtigen. Dazwischen liegen eine grandiose Küstenlandschaft und mehrere Sandstrände. Die Länge der gut markierten Wanderung erfordert Kondition, kann aber abgekürzt werden. Es gibt einen Brunnen. Busrückfahrt ab Charáki vorab klären!*

■ *12 km, Höhenuntersch. 205 m, moderat bis schwer*

RGZ Die **Johanniterburg** (15. Jh.) im Landstädtchen **Archángelos** ist unser Ausgangspunkt. Innerhalb der restaurierten Wehrmauer steht allerdings fast nichts mehr. Wie auch Féraklos diente sie hauptsächlich als Fluchtburg.

0.00 Von den **Treppen** unterhalb der Burg geht man pfadlos an ihr entlang in Richtung des Tafelberges, hat also die Stadt rechts von sich. Im Sattel sucht man sich einen Weg

0.05 nach links durch die Felsen abwärts zum **Feldweg** rechts vom Olivenhain ①, geht auf ihm nach links und gelangt

0.10 zu einem **breiteren Sandweg**, auf dem man wiederum nach links durch die Olivenhaine geht.

*Abkürzung:* Geht man nach rechts über den Sattel und dann rechts, kann man 1½ Std. abkürzen. (RGZ 1.45)

0.15 Drei Minuten nachdem man einen einzelnen **Felsblock** (re.) passiert hat, wechselt man spitzwinklig nach rechts und zieht durch die freundliche Bauernlandschaft dem

0.25 Meer entgegen. Bei der **Wegegabelung** geht es geradeaus

!! und nach 120 m bei *Steinmännchen rechts* in einen schmalen Fußpfad zwischen den Felsen (**P1**: N36°12,527'/E28° 07,750'). Später liegt unten der Urlaubsort Stégna.

Der Pfad führt zwischen den Felsen abwärts und verläuft
0.40 in einem Bogen **oberhalb von Stégna.** Wir wandern
durch Olivenhaine auf der Hochfläche, links von zwei
Felsbrocken ②, nach Süden. Ein Feldweg rechts von Zäunen führt zu einem breiten Geröllweg, der steil in einen
1.00 **Sattel** (100 m) hinaufsteigt.
Von dort marschiert man auf dem breiteren Fahrweg nach
links und bei einer Gabelung rechts. An der staubigen Piste liegt später ein Brunnen – ein Lichtblick in dieser Gegend, die in den letzten Jahren durch Bauten übel zuge-
richtet wurde. Weiter unten geht man nach links zur
1.20 **Bucht von Klisoúras.**
Nach dem Bade nimmt man sich hinter den eingezäunten
Häusern den Fahrweg nach Westen vor, steigt pfadlos hinauf zur Kapelle und geht dort landeinwärts zum Fahrweg.
Bald gelangt man in ein aus dem Felsen geschlagenes,
1.35 längliches Karrée. Es ist ein **antiker Steinbruch.** Wahrscheinlich wurden hier die Steine für das gegenüberliegende Líndos gebrochen.

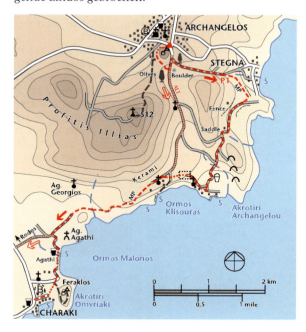

**1.45** Auf der gegenüberliegenden Schmalseite des Karrées weist uns ein roter Punkt nach rechts in eine bizarre Felsenlandschaft ③. Den **Sandweg**, der später kreuzt, überquert man nach links aufwärts.

> *Alternative:* Geht man auf dem Sandweg links abwärts zu einem einzelnen Olivenbaum, findet man dort einen Pfad hinab zum Traumstrand Kokkini Ammos.

**1.50** Drei **Häuschen** und eine Kapelle stehen einsam auf der Hochebene. Rechts davon führt uns erst ein Fahrweg, an

**1.55** dessen **Ende** dann ein Pfad auf der weiten Hochfläche weiter. Eine etwas steile Stelle kann man rechts oberhalb umgehen. Dann überbietet sich die Landschaft nochmals. Beim Zurückblicken sieht man ein riesiges Felsentor, das

**★** an Dalí denken lässt ④. Vor einem Feld geht es links auf den Hügel zu. Rechts ist die Georgskapelle sichtbar gewor-

**2.25** den. Der Wanderer wird durch einen **Doppelzaun** gepfercht und geht danach auf einem Feldweg um einen Felshügel herum. Später könnte man bei einer breiten Gabelung nach rechts abbiegen und schneller die Haupt-

**2.40** straße erreichen. Sonst kommt man zur **Sandbucht von Agáthi** mit Strandleben, -lokalen, -kapelle (gefunden?), umgeben von Burg- und Bauruinen.

**2.50** Auf der staubigen Piste passiert man das **Schild** zur Burg.
> *Die riesige, innen leere Burg Féraklos wurde Byzanz 1306 von den Johannitern entrissen und war deren erste Burg auf Rhódos. 1523, erst ein Jahr nach der Stadt, wurde auch sie dann türkisch.*

Wer den steilen Aufstieg scheut, findet leicht den Weg

**2.55** durch die Wiesen nach **Charáki.** Später am Nachmittag fahren allerdings keine Busse mehr!

# ⓫ Das Kloster Tsambíka

*Das auf einem hohen Gipfel gelegene Kloster ist das Ziel der fünfstündigen Wanderung. Vom schönsten Strand von Rhódos steigt man durch Felsengelände hinauf. Am Strand und beim Kloster kann man einkehren.*

*Statt in Archángelos könnte man früher aus dem Bus steigen, zum Strand marschieren und so abkürzen.*

■ *8 km, Höhenuntersch. 340 m, moderat bis schwer*

RGZ    Vom mittleren Busstopp von **Archángelos** (mit Büste eines Widerstandskämpfers/ 150 m) geht man zurück zum
0.00   betonierten Bachbett, auf dessen nördlicher Seite ein **WC-Häuschen** steht. Dort nimmt man die Straße links vom Trockenbett und verlässt sie nach drei Minuten geradeaus. Es geht 100 m direkt am Bachbett entlang und dann den
0.05   **Fahrweg** links aufwärts, bis man 50 m unterhalb von
0.10   schmutzigen Ställen ist. Hier biegt man **links ab** und 20 m danach rechts, durchquert eine Senke mit Olivenbäumen und findet pfadlos auf der nächsten Anhöhe, links vom Zaun, einen Feldweg nach links.

An der folgenden Gabelung im Wäldchen geht man rechts und an einem etwas chaotisch anmutenden Bauernstall vorbei aufwärts zur Straße. Dieser folgt man 300 m
0.25   nach rechts abwärts und wandert bei einer kleinen **Privatkapelle** (**P1**: N36°13,077'/E 28°07,823') links aufwärts. Oben erblickt man auf einem steilen Berg das heutige Ziel: das Kloster Tsambíka ①. Hinter der Betonmauer einer Villa (re.) geht man rechts abwärts und nach 20 m, unterhalb eines Zaunes, nach links. Nach etwa 200 m passiert

man ein Gatter und einige angebundene Hunde. Im Rechtsbogen führt danach ein schmaler Pfad zwischen Kiefern hindurch zum Fahrweg beim kleinen **Kloster Profitis Elias.** Links vom Tor hängt der Schlüssel, falls man im Garten Wasser schöpfen will. Neben der Klosterwand schlendert man den Feldweg hinab, später an der Gabelung links. An der **Linksabzweigung** weiter unten geht man neben dem Olivengarten noch ein kurzes Stück geradeaus, biegt aber 15 Meter *vor den links am Weg stehenden Felsen* nach links ab.

*Direkt am rechten Rand des Olivenhains* geht es auf einem groben Fahrweg weiter – nicht in der Phrýgana. Von der unteren Ecke des Hains führt ein neuer Fahrweg (leider!) nach rechts durch einen lichten Kiefernwald ② zu einem Abhang mit feinem Sand ③. Dort schwingt man im eleganten Slalom hinab zum **Sandstrand von Tsambíka.** Schuhe entleeren, Kleider wechseln, Pause!

Danach schlendert man zum anderen Ende des Strandes (mit ruhigeren Badeplätzen) und sucht links neben dem **Kiosk** an der **Busstation** Wasserleitungen, die am Boden nach links schräg aufwärts verlaufen ④. Ihnen folgt man einige Meter, biegt aber noch vor den Ställen rechtwinklig nach rechts aufwärts ab. Steinmännchen warten schon!

0.40

0.50

!!

1.05

1.15

Ein kräftiger Felsen steht links von unserem steilen Pfad.
1.25 Ist man auf seiner Höhe (80 m) angelangt, **gabelt** sich der Weg (**P2**: N36°13,945'/E28°08,930').
(Nach rechts könnte man nach Kolímbia wandern.) Wir gehen aber fast horizontal nach links. Danach nach rechts und steil aufwärts, einen schroffen Felsen zur Linken. In größeren Schleifen gelangt man oben zu einer Stelle, an der man links einen Felsen überwinden muss. Für fünf Meter müssen die sehr Höhenängstlichen wegschauen. Zur Belohnung gibt es sofort einen grandiosen Picknickplatz über dem Strand, an dem die Lokale ihre Claims abgesteckt haben.

1.50 Durch lichtes Kieferngehölz gelangt man zu einer **Ruine**
1.55 (re.) und zu Stufen, die links hinauf zum **Parkplatz** führen. Die letzten 297 Stufen teilt man sich mit schnaufenden
2.05 Autofahrern hinauf zum **Moní Tsambíka**, dem Kloster unserer lieben Frau.

> *Ein kleiner Hof empfängt den Gast. Es gibt einige Schlafräume für Frauen mit Kinderwunsch: Eine Nacht auf dem Berg hat auch schon in schwierigen Fällen zu Nachwuchs verholfen. Deshalb sind an der linken Wand der Kapelle viele Fotos kleiner gesunder Erdenbürger zu sehen. Daneben sieht der Heilige Charámbolos recht alt aus.*

Der Abstieg über die Stufen führt zu einem Restaurant mit Terrasse, auf der man wie auf einer stillen Bergalm sitzt und auf die riesigen Hotels von Kolímbia hinunterblickt. Hier kann man sich einen Autofahrer anlachen, oder aber
2.30 in 15 Minuten die Straße hinablaufen und an der **Hauptstraße** in den Bus steigen.

## ⑫ Nervenkitzel bei den Eptá Pigés

*Die siebenstündige Rundtour führt auf Feldwegen durch zahllose Olivenhaine zu den berühmten Eptá Pigés (Sieben Quellen) mit Gartenlokal. Später kann man Orangengärten besuchen, falls man nicht um eineinhalb Stunden abkürzt.*

■ *15 km, Höhenuntersch. 85 m, moderat bis schwer*

RGZ
0.00 Etwa 20 Meter nördlich vom betonierten Bachbett bei der zentralen Busstation von **Archángelos** geht man – **gegenüber der Polizeistation** – nach links in die »Odos Stadioy«. Bei der Gabelung rechts, dann geradeaus und
0.07 über die **Umgehungsstraße.**
Man folgt einem Sträßchen und geht bei einer spitzen
0.15 **Gartenmauer** nach links. Kurz danach steht links in den Olivenhainen die Georgskapelle.
0.20 Bei der **Gabelung** nach 300 m geht man links unter Kie-
0.30 fern aufwärts und später unter einer **Stromleitung** hindurch. Bei der Rechtsabzweigung vor einem Zaun geradeaus und fünf Minuten später abwärts in eine weite Ebene.
0.45 300 m nach der **Stilianos-Kapelle** (re.) folgt man der
!! *zweiten,* rechtwinkligen **Rechtsabzweigung** ins Tal (P1:
0.50 N36°14,924'/E28°06,764') und wendet sich dort dann nach links.
Auf einem Feldweg erreicht man ein Sträßchen und geht nach rechts abwärts zu einem runden »Brunnen«. Wenn man hineinschaut, hört man ein Blubbern – und Stimmen. Es ist der Entlüftungsschacht des Wassertunnels. Von dort gehen wir erst einmal links über den Hügel zu
1.05 den **Eptá Pigés** hinter dem schattigen Gartenlokal.

*Unterhalb der Quellen beginnt ein schmaler Tunnel* 1, *der das Wasser durch den Berg leitet. Durch den engen Schacht zu gehen, ist echter Nervenkitzel. Wem es zu eng ist, der geht über die zwei Hügel zurück und kommt ebenfalls zum kleinen romantischen Stausee. Unterhalb liegt ein weiterer Tun-*

*nel. Die Anlage wurde von den Italienern angelegt, um Wasser nach Kolímbia zu leiten.*

1.05 Hinter der **Brücke im Gartenlokal** folgt man dem Pfad nach links. Im dichten Kiefernwald hält man sich dann
1.10 steil nach rechts aufwärts und erreicht eine **Oliventerrasse**, die man geradeaus durchquert. Am Ende geht es pfadlos links aufwärts zu einem weiteren Olivenhain, dort nach links und rechts vom Zaun weiter. Später durchquert man den Hain pfadlos nach rechts zu einem Feldweg, dem man nach links folgt. Nach drei Minuten geht man vor einem Zaun nach rechts direkt auf einen breiten Hü-
1.25 gel zu. Davor wandert man nach rechts, an einem **Brunnen** (li.) vorbei und in einem Linksbogen um den Hügel herum. Nach drei Minuten findet man rechts vom Weg
!! *zwei 1,5 m hohe Felsbrocken* (**P2**: N36°14,892'/E28°06,526') und 40 m danach einen aufwärts führenden Pfad 2. Oben geht man auf einem Feldweg nach rechts zum kleinen
1.45 **Kloster Kyra Napeni** 3.
Ab hier geradeaus, an der Einmündung (von rechts) vorbei durch weite Olivengärten leicht abwärts weiter. Kurz nachdem man die Hochspannungsleitung unterquert hat, ver-
1.55 lässt man bei der **Abzweigung** vor einem Zaun den bisherigen Weg nach rechts (**P3**: N36°14,072'/E28°06,620').

*Abkürzung:* Geradeaus erreicht man in 35 Minuten **Archángelos.**

Unter Olivenbäumen wandert man später an einer Gabelung unter der Stromleitung links hinab, an Wasserrinnen
2.05  entlang und trifft dann auf eine **Straße.**

Hier geht es nach rechts und bei der winzigen Kapelle nach links bis zu einem ummauerten Bereich, in dem
2.20  Wildponys gezüchtet werden. Er wird »**Phaethon**« genannt, nach dem Pferd von Alexander dem Großen.

Links von der Mauer folgt man dem Feldweg. Bei einer Gabelung zieht man links hinab und nach 300 m, nach einem Graben, links auf einem Fußpfad ④ abwärts. Vor einem Zaun schwenkt man nach rechts und folgt nach einem kleinen Wasserfall den Spuren nach links ins tropisch wuchernde Tal hinab. Bei Bewässerungsrinnen trifft man auf einen Fahrweg. Wir befinden uns in der wasserreichen **Kápi-Senke** mit vielen Orangengärten. Auf halber Höhe liegen zwei versteckte Tropfsteinhöhlen.

Folgt man dem Fahrweg, kommt man an einem kleinen
2.40  **Tümpel** (li.) vorbei (**P4**: N36°14,001'/E28°05,528', 125 m).
2.50  Man übergeht eine **Rechtsabzweigung** und wendet sich nach drei Minuten bei der T-Gabelung nach links aufwärts. Nach weiteren drei Minuten steigt unser Weg bei einer Kreuzung steil nach rechts an.

3.00  **Oben** geht es eben und geradeaus über zwei Wegkreuzun-
3.35  gen und die Umgehungsstraße hinweg nach **Archángelos.**

## ⑬ Die Thermen von Kalithéa

*Auf der drei- bis vierstündigen Wanderung auf Fahrwegen genießt man zunächst das weite Inselpanorama und besucht dann am Meer die Thermen von Kalithéa und bizarre Felsbuchten mit Strandlokalen.*
■ *6 km, Höhenunterschied 120 m, leicht*

| | |
|---|---|
| RGZ 0.00 | Im denkmalgeschützten Dorf **Koskinoú** nimmt man gegenüber dem Brunnen am groß geratenen **Hauptplatz** die Gasse links vom Mini-Market. Diese Richtung behält man bei, bis man auf eine querende Straße stößt, die man 150 m nach rechts aufwärts geht. Die »Odos Ag. Eirínis« |
| !! | übergeht man, nimmt aber *20 m* später die Seitenstraße nach links, an der kurz darauf links eine kleine Kapelle |
| 0.06 | steht. Gemächlich steigt man bis zur **Umgehungsstraße** an. Links liegen ein Busstopp und dahinter der felsige »Berg«. Doch davon später. |
| | Bei der auf der anderen Seite kurz darauf folgenden Gabelung geht man links, weiterhin langsam aufwärts bis zum Hochplateau. Dort wandert man geradeaus weiter und |
| 0.15 | vor einer **Häusergruppe** links. Beim Anstieg des Weges bei einer Villa im Steingarten entpuppt sich der »Berg« als ausgehöhlter Zahn. Es ist ein Steinbruch. |

Beim Abwärtsgehen hat man einen imposanten Blick auf die Strandhotels von Faliráki. In der engen Rechtskurve (**P1**: N36°22,801'/E 28°13,537', 120 m) verlässt man die Straße geradeaus in einen Feldweg. Nach 80 m biegt man nach rechts ab, in Richtung Kapelle und Antennen. Hier entsteht ein Wohngebiet mit Blick auf unser Ziel: die Thermen von Kalithéa, die rechts unten am Meer liegen.

Im Norden kommt später auch die Stadt Rhódos ins Blickfeld. Dann ist die Kapelle des **Profitis Elías** erreicht. Sie bietet schöne Ikonen, einen Brunnen und einen prächtigen Panoramablick. Pfadlos überwindet man, 80 m rechts von der Antenne, den Felsenabhang, findet einen Feldweg zur **Hauptstraße** hinab und auf der anderen Seite mehrere Pfade zu den **Thermen von Kalithéa.**

0.35

0.45
0.55

> *Die Italiener bauten 1929 das orientalisch inspirierte Thermalbad. Das »rote Wasser« der Felsenquelle ist seit der Antike bekannt und soll gegen ziemlich alles helfen. Damals ein Anziehungspunkt für die internationale Gesellschaft, sind die Bauten später verfallen. 2007 sind sie liebevoll renoviert wieder eröffnet worden. Gegen Eintrittsgeld kann man die meist windstille Badebucht besuchen, die manchmal aber etwas voll sein kann. Unbedingt besuchen sollte man die Wandelhalle ☐, und dort den Blick übers Meer schweifen lassen!*

An der Strasse gibt es eine Bushaltestelle.

Auf schattigen Wegen lässt man sich nach Süden an der Küste entlang treiben. Zwei **Felsenbuchten** mit Strandtavernen warten ☐. Wer Sand bevorzugt, badet am langen **Sandstrand von Faliráki.**

1.20

1.30

# Κάρπαθος
# Kárpathos

Das bergige Kárpathos ist die zweitgrößte Insel des Dodekánes. An der schmalsten Stelle ist die Insel nur vier Kilometer breit, ihre Länge liegt dagegen beim Zehnfachen. Zusammen mit den Schwesterinseln Kássos und Saría erhebt sich Kárpathos auf einem weiten, unterseeischen Sockel, der sich vom griechischen Festland bis zur Türkei erstreckt. Auf beiden Seiten der Inselgruppe fällt das Meer 2500 Meter tief ab.

Im flachen Südteil von Kárpathos haben sich in geringem Umfang touristische Strukturen etabliert. Obwohl der Tourismus eine bedeutende Einnahmequelle ist, wird ihm nicht alles untergeordnet. Der Straßenbau erfolgt mit Bedacht, so dass immer noch viele alte Eselswege erhalten sind.

Die Wanderer zieht es eher in die Inselmitte und in den Norden, wo sie die schönsten Wandergebiete der Ägäis finden. Man gelangt auf alten Maultierpfaden durch schattige Kiefernwälder, Olivenhaine und grandiose Felslandschaften, zu Kapellen und Dörfern, die noch nicht lange mit Strom versorgt sind. Dort, etwa im malerischen Ólympos, wurden jahrhundertealte Sitten und Gebräuche bewahrt. Bei karpathischen Speisen kann man manchmal einer Musik lauschen, die auf archaischen Instrumenten wie Lyra oder Laute gespielt und von Stegreifsängern begleitet wird.

Neuerdings sind Wanderpfade gesäubert und markiert worden. In einigen Gegenden sind die Spuren der großen Waldbrände in den Jahren 1990 und 2004 noch spürbar. Besonders schöne Wanderungen sind in diesem Buch unter 20, 21, 22, 23 und 24 beschrieben, Tour 18 und 20 lassen sich auch bei einem Bootsausflug nach Diafáni machen.

# ⑭ Alte Pfade nach Lefkós

*Auf alten Eselswegen wandert man in vier bis fünf Stunden über Mesochóri hinab zu den schönen Stränden von Lefkós. Ein Feuer hat 2004 Teile des früheren Kiefernwaldes zerstört, der langsam wieder nachwächst. Tavernen gibt es in Mesochóri und Lefkós, unterwegs wartet ein Brunnen.*
*Die Anfahrt zu den Windmühlen im Sattel vor Spóa ist per Taxi oder Bus möglich. Ab Lefkós gibt es keine Taxis, in der Hochsaison jedoch einen Bus.*
*■ 13 km, Höhenunterschied 390 m, moderat bis schwer*

| RGZ | |
|---|---|
| 0.00 | Bei der vierten **Windmühle** ① (390 m) von links beginnt |
| 0.03 | ein Trampelpfad (KA 18) abwärts zu einem **Feldweg**. Hier geht es kurz nach rechts und beim ersten Fahrweg nach links. Er führt zur Kapelle Agíi Anárgiri der heiligen Kosmas und Damian und weiter um ein enges Tal herum bis |
| 0.20 | vor ein massives **Gittertor**. Davor geht man links und durch die Wiese. Hinter einem Haus findet man einen Fußpfad zwischen Kiefern, der bald schöne Meeresblicke eröffnet ②. Dann geht's fast eben über Terrassen, die später |
| 0.35 | den **Blick** auf eine Kapelle unterhalb bieten. Ab hier ist der Pfad von dichtem Bewuchs gesäumt. Nach der Kapelle des |
| 0.45 | heiligen **Charálambos** ③ (**P1**: N 35°38,128'/ E27°07,197'; 160 m) übersteigt man einen kleinen Bergrücken mit |
| 1.00 | Weingärten und erreicht **Mesochóri**. Unter der Panagía-Kirche kann man an einer Quelle Wasser trinken oder bei *Stéki* Habhafteres genießen, samt Blick über den Ort. |
| | Wir verlassen den Ort am unteren Rand bei einer ziegelgedeckten |
| 1.10 | **Kapelle** ④, unterhalb derer rechts ein betonierter |

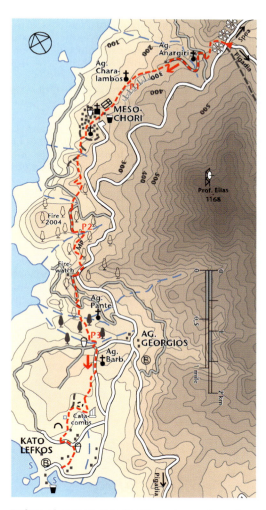

Fußweg beginnt. Bei der Abzweigung kurz danach geht es
nach rechts und an der nächsten **Gabelung** nach links.
Man zieht zwischen alten Trockenmauern dahin, die Olivenhaine und Gärten schützen. Bei einer weiteren **Gabelung** geht es nach rechts abwärts und danach über einen
flachen Bergrücken. Eine Bilderbuchlandschaft mit alten,

1.13
★
1.17

gut erhaltenen Wegen umgibt den Wanderer 5. Nach ei-

**1.30** ner Senke führt ein steiler **Stufenweg** in Serpentinen an einer felsigen Bergflanke aufwärts auf einen Bergrücken, der einen letzten Ausblick auf Mesochóri bietet. Hier trifft man auf die ersten Spuren des Feuers von 2004.

Auf der anderen Seite des Bergrückens überquert man einen Fahrweg und gelangt auf der anderen Seite, etwas

**1.40** erhöht, zwischen die Baumskelette. Ein **Fahrweg** entlang einer Stromleitung führt über ein Hochplateau, genau 1000 m unterhalb der Spitze des Profitis Elias (1168 m), der sich links erhebt. Am Ende des Fahrweges steigt man

**1.50** in ein **Erosionstal** (**P2:** N35°36,976'/ E27°05,733') hinab und auf der anderen Seite auf einem breiten, plattenbeleg-

**2.10** ten Kalderími längere Zeit aufwärts 6 bis zur **Straße.** Ihr folgt man nach rechts, geht beim Feuerbeobachtungsturm wiederum rechts und nach 15 m links hinab in einen Fahrweg.

**2.15** Von dort weisen uns Metallschilder den **Weg rechts** hinab zum alten Plattenweg, der bald einen Fahrweg kreuzt. Schräg nach links versetzt findet man gegenüber Markierungen auf einem schmalen Pfad links von einem neuen Olivenhain. 150 m zur Linken sieht man die Panteleimon-Kapelle. Der Pfad schlängelt sich jetzt wieder durch

**2.40** unverbranntes Gelände und durch eine **kleine Schlucht** (**P3:** N35°36,028'/ E27°05,340').

Nach dem kurzen Anstieg trifft man rechts auf einen

**2.45** **Brunnen** und gleich darauf auf ein Asphaltsträßchen, auf dem man geradeaus weiterwandert. Links liegen die **Barbara-Kapelle** und die Häuser der Streusiedlung Ágios Geórgios in den Feldern. 200 m nach der Kapelle folgt man den Hinweisschildern nach rechts zur Zisterne. Am

**2.55** Ende des Feldweges, vor dem steinumlegten Garten, findet man nach ein paar Schritten links die **römischen Zisternen.**

*Ob es sich um Zisternen oder Katakomben handelt, ist strittig. Sicher ist nur, dass der unterirdische Raum, der von 15 Säulen gestützt wird, aus römischer Zeit stammt.*

Von hier geht man 50 m zurück und biegt vor Hausruinen nach links in einen Trampelpfad und später nochmals links in einen breiteren Pfad ein, der durch eine felsig-karstige Heidelandschaft zu einer Anhöhe führt. Nach einem **3.05** **Wasserreservoir** (re.) beginnt unterhalb ein Monopáti abwärts. Nach ein paar Metern bemerkt man rechts eine Höhle.

*Wie Muschelreste an der Decke zeigen, war sie sehr wahrscheinlich früher untermeerisch, wurde emporgehoben und seit undenklichen Zeiten von Menschen genutzt. Seitliche Wandnischen könnten Gräber gewesen sein. Die später eingebauten Wände für Tierställe machen diesen Ort äußerst malerisch.*

Von der Höhle aus geht es abwärts, beim Wassertank links, an der nächsten Kreuzung rechts und hinab an ei-
**3.15** nen der **Strände von Lefkós.** Und nichts wie hinein ins Wasser.

*In frühgeschichtlicher Zeit stand hier eine Stadt mit 30.000 Einwohnern, geschützt durch die Festung Sókastro auf der vorgelagerten Insel. Baureste bezeugen dort auch Befestigungen aus byzantinischer und venezianischer Zeit.*

▶ Der Autovermieter in Lefkós übernimmt auch Taxidienste.

## ⑮ Kalí Límni, der schöne See

*Woher dieser Name für einen Berg kommt, weiß man nicht. »Kalí« – »schön« – stimmt jedenfalls. Diese achtstündige Wanderung ist anstrengend, aber unvergesslich. Neben langen, fast ebenen Strecken gibt es den steilen Aufstieg auf den Kalí Límni, mit 1215 m – neben dem Atáviros auf Rhódos – der zweithöchste Berg des Dodekánes. Dem Wanderer zeigen sich die liebliche Westseite und die grandios wilde Ostküste von Kárpathos.*

*An Tagen mit starker Wolkenbildung besteht allerdings die Gefahr, am Berg die Orientierung zu verlieren. Gefordert ist Ausdauer, jedoch keine Schwindelfreiheit. Wasser gibt es an mehreren Stellen, sogar eine Taverne am Fuß des Berges. Geheimtipp: Badezeug mitnehmen. Man kann die Tour mit dem Taxi abkürzen.*

■ *20 km, Höhenunterschied 935 m, schwer*

RGZ  Mit dem Bus fährt man bis Voláda oder lässt sich zwei Minuten danach am Abzweig »Kalí Límmi« absetzen (siehe ALT im Plan).

0.00  In **Voláda** (470 m)geht man bei einem Appartementhaus ① die Straße aufwärts, verlässt das steile Sträßchen aber schon nach drei Minuten nach links in einen Fußpfad.

0.05  Kurz darauf biegt man in einen **Fahrweg** nach rechts ein. Dieser endet unvermittelt in einem Feld. Am anderen Ende wartet rechts ein etwas zugewachsenes Monopáti, das, später als Fahrweg, zu einer Betonstraße führt, die man links steil aufwärts bis zur »Hauptstraße« wandert. Dort

0.12 geht's beim **Brunnen** von 2000 (**P1:** N35° 33,138'/ E27°09,226') rechts und oberhalb des schönen Hochtals mit den verstreuten Häusern des Weilers Píni aufwärts.

0.25 Das Sträßchen durchläuft einen **Sattel**, wo man frisches Brunnenwasser und einen wunderschönen Blick auf die liebliche Westküste bis nach Kássos genießen kann. Teilweise atemberaubende Blicke lassen den Asphalt vergessen. Allmählich kommt unser Tagesziel, der Kalí Límni, ins Blickfeld und rechts darunter die Hochebene von Lástos ②.

1.10 Bei der **Wegegabelung** führt der Asphalt zu den militärischen Einrichtungen nach rechts hinauf, wir wandern je-

1.15 doch auf Sand nach links zu den Häusern der **Lástos Hochebene** (725 m). An deren Ende kann man sich in der

1.25 witzigen **Taverne** beim Wirt Thanássis zum Essen anmelden (**P2:** N35°34,781'/ E27°08,368').

Auf dem Fahrweg zwischen Taverne und Bauernhaus verlässt man die fruchtbaren Gärten und Felder, biegt 100 m später nach links in einen Trampelpfad ab und gelangt zu

**1.30** einem einzelnstehenden **Baum** ③.

*Alternative:* An Tagen mit mäßiger Fernsicht ist es durchaus empfehlenswert, auf den Gipfel zu verzichten und *beim Baum* den landschaftlich schöneren Weg nach rechts zu wählen. Er ist blau markiert und führt mit geringen Anstiegen in ein breites Hochtal mit einzelnen Kiefern, dann durch ein weites, steinumlegtes Feld bis zu vom Wind bizarr zerrissenen Kiefern in einen **Sattel** (950 m, RGZ 2.00). Hier sieht man die steile Küste des Inselnordens. Dieser Pfad würde bis Spóa weiterführen, wir kehren aber um.

**1.30** Die Gipfelstürmer gehen am einzeln stehenden **Baum** links/geradeaus steil aufwärts, den roten Punkten folgend. Manche Schweißperle steht auf der Stirn, bis man durch einen flacheren Bereich mit Polstern von Dornbusch-Wolfsmilch kommt und danach in eine Rinne gelangt, in

**2.10** der noch ein paar verängstigte kleine **Kermeseichen** etwas Sonnenschutz bieten. Wir sind jetzt schon mehr als 1.000 m über dem Meer. Von dort geht es etwas sandig-rutschig weiter hinauf zu den felsigen Windschutzbänken

**2.25** auf dem **Gipfel des Kalí Límni.** Aus 1215 m Seehöhe kann man die Insel überblicken und an klaren Tagen soll man gar bis Rhódos und Kréta blicken können.

Nach dem Abstieg über dieselbe Route kann man sich in

**3.00** der **Taverne** in die Kochtöpfe schauen und sich unter der Laube erholen. Und die anderen mit dem mitgebrachten Badezeug verblüffen! Es gibt auch vier Zimmer, falls man zu viel vom hausgemachten Ráki probieren musste.

Nach verdienter Rast geht man 300 m des Hinweges zurück und biegt bei der Gabelung nach links Richtung Arh. Michaílis ab. Bei der folgenden Gabelung weist das

3.05 Schild nach rechts zur **Kirche** des **Erzengels Michael**.
Vom Vorplatz des neuen Klosters steigt man in den Graben hinab. Vor der Mauer am Gegenhang geht es auf einem Feldweg nach links durch ein Gatter weiter zu einer kleinen Oase, die in die Steinwüste eingebettet ist ④.

★ Oberhalb von ihr geht es nach rechts, immer den roten Punkten nach. Sie führen sicher zwischen den Fels-

3.20 brocken hindurch bis vor einen umzäunten **Garten**. (**P3:** N35°34,767'/ E27°08,903'). (Im Oleander links daneben ist ein kleiner Wasserfall zum Erfrischen versteckt!)
Oberhalb des Gartens führt uns ein Weg nach rechts, leicht aufwärts. Hinter dem Garten folgt man den Fußspuren in einem zugewachsenen Feldweg. Er führt hinauf in ein Kiefernwäldchen; die Markierungen eines schma-

!! len Pfades nach links werden dabei *nicht beachtet!* Unterhalb breitet sich die sanft gewellte Landschaft der unteren Lástos-Ebene im milden Nachmittagslicht aus.
Oben trifft man bei den Kiefern auf einen breiten Waldweg (**P4:** N35°34,783'/ E27°09,240', 710 m), wo man sich links abwärts wendet. 50 m nach einem Gatter nimmt

!! man den *rechts oberhalb verlaufenden Pfad* bis zum breiten
3.35 **Fahrweg** oberhalb der Küste (**P5:** N35° 34,885'/ E27°09,458'). (Der gegenüber beginnende Fußpfad zur Nikolaus-Kapelle lohnt sich nicht.)
Folgt man dem Fahrweg nach rechts aufwärts, bietet er grandiose Meeresblicke, von denen man nachts noch träumen wird. Vor einem am Berg klebenden Bauernhaus

4.00 gibt es einen Brunnen. Das **Kirchlein** des heiligen Nikolaus wartet später unterhalb des Weges.
Durch lichten Kiefernwald hindurch wandert man weiter und erblickt bald Pigádia und Apéri. An der Gabelung bei

4.30 einem **Wassertank** (**P6:** N35°33,530/ E27°10,020') führt der Heimweg zuerst nach links und nach 250 m rechts ab-

4.45 wärts. Nachdem man eine **Kiesgrube** durchschritten hat,
4.50 kommt man auf die **Hauptstraße.** Dort sind es 100 m nach links abwärts zu den Stufen, die zwischen den vielen

5.05 Gärten von **Apéri** zur **Bischofskirche** hinabführen. Da sie fast immer geschlossen ist, geht man zur Erbauung besser gleich in die Taverne vor der Brücke (280 m).

# ⑯ Eine Handvoll Dollar

*Auf dieser zwei- bis dreistündigen Wanderung besucht man Óthos und Voláda, zwei mittelalterliche Rückzugsdörfer.*
*Die Tour verläuft ohne große Höhenunterschiede meist auf Fahrwegen und auf einer Nebenstraße. Zur Kreuzeskirche, dem Höhepunkt der Wanderung, führt ein spektakulärer Pfad am steilen Berg entlang.*
*■ 5 oder 6 km, Höhenunterschied 80 oder 320 m, leicht oder moderat*

RGZ  In **Óthos** sollte man in der Kímissis-Kirche den wertvollen Kieselfußboden anschauen. Am nördlichen Ortsrand, bei
0.00  der **Christós-Kirche**, nimmt man dann den Stufenweg aufwärts. Wir gehen bis zur kleinen Straße, die den Ort oben tangiert und auf dieser nach oben hinauf in eine breite Senke mit lockerem Kiefernbestand. Bald zweigt der
0.10  **Wanderweg** KA 6 nach links ab. (Er ist steil, schotterig und löst sich später auf, nur für Asphaltallergiker.) Auf dem Asphaltsträßchen hat man die gleiche schöne Aussicht auf die Küstenebene und erreicht ohne Mühe die
0.20  **Straße** nach Lástos. Auf ihr geht man nach links und kurz darauf nach rechts in einen grauen Fahrweg, der zur Kuppelkirche auf dem Hügel hinabführt.
Diese lässt man jedoch rechts in 50 m Entfernung liegen und kommt bald an einem Haus vorbei, das direkt rechts am Weg steht. Gleich danach entdeckt man rechts ein Monopáti, das abwärts zu einer steilen Straße in der Ortschaft führt. Rechts hinab geht es zur Hauptstraße von
0.30  **Voláda** und dann links abwärts, am Parkplatz (li.) vorbei, bis zur schönen Aussichtstaverne *Klimataria* ①, die rechts an der Straße liegt. Noch davor geht man die Stufen nach rechts abwärts und dann

die Straße geradeaus abwärts, dem Schild »Kastro« folgend. Im Garten linker Hand steht eine Kapelle.

Bald ist der Fußpfad erreicht, der einen prächtigen Blick auf Apéri bietet . Kühn wandert man am Berg entlang, bis es kurz vor der Stávros-Kapelle links für ein paar Meter etwas steiler wird. Aber man muss ja nicht unbedingt hinabschauen.

0.45

*In der Antike stand hier eine Akropolis, im Mittelalter die jetzt verfallene* **Burg** *der venezianischen Adelsfamilie Cornaro, die von 1315 bis 1537 über Kárpathos herrschte.*

*1970 ließen Gräko-Amerikaner aus New Jersey hier eine Kirche bauen. Auf einer Marmortafel sind ihre Namen verewigt, als letzter der Spender von fünf Dollar.*

Die meisten Besucher wandern von hier zurück nach Voláda.

**Weiterweg nach Apéri – für Geübte:** Dieser Weg ins Tal ist stellenweise zugewachsen, mit geübtem Auge aber zu finden. Er beginnt, nachdem man drei Minuten zurückgegangen ist, vor dem ansteigenden Felsen. Links führt dort

1.10

ein Plattenweg in langen Windungen ins Tal. Im **Talbett** (**P1:** N 35°32,890/ E 27°09,904′) endet der sichtbare Teil des Weges.

Von hier sind es 200 pfadlose Meter, anfangs im Garten links neben dem Talbett durch kniehohes Gestrüpp, danach im Trockenbett. An der Einmündung des nächsten

1.20

Tales wandert man auf einem **Fahrweg** talauswärts, biegt bei zwei scharfen Kurven pfadlos nach links ab und ge-

1.30

langt nach **Apéri.**

# ⑰ Noch ein Profítis Elías

*Diese Tour von viereinhalb Stunden führt von Apéri auf einen Aussichtsplatz über dem Ägyptischen Meer und von dort 500 Höhenmeter hinab an einen schönen Strand.*
*Sie verläuft eine halbe Stunde auf der Straße, sonst auf Fahrwegen und Pfaden, teilweise aber auch pfadlos (unbedingt in langen Hosen). Brunnen gibt es in Apéri und am Strand; eine Zisterne bei der Gipfelkirche. In der Saison wartet eine Strandtaverne.*
*Empfehlung: Wer von Acháta mit dem Boot bequem zurücktuckern will, muss bis 9.30 beim Ausflugsboot »Sofia« in Pigádia Bescheid sagen.*
*■ 12 km, Höhenunterschied 210 oder 490 m, moderat oder schwer*

RGZ
0.00

Durstige finden unter der **Straßenbrücke in Apéri** (280 m) einen Brunnen. Nach ein paar Metern auf der ansteigenden Straße biegt man rechts ab und kommt hinab zur Bischofskirche mit schöner Ikonostase. Wenn man auf dem Sträßchen weiter abwärts geht, umrundet man die Oberschulen der Insel. Sie wurden mit Spenden von Auswanderern nach New Jersey, den »Amerikánis« gebaut.

Das Sträßchen führt über den Hügel und dann nach rechts. Rechts liegt der Friedhof und links gegenüber –

0.10

leicht erhöht- eine **Kapelle** ①, vor der wir die Straße nach links verlassen. Auf einem schmalen Weg geht es durch Oliventerrassen aufwärts. Oben im Sattel blickt man auf das Tagesziel, den unbezwingbar aussehenden Berg des

0.15

Propheten Elias. Von der **Gabelung** führt nach links ein

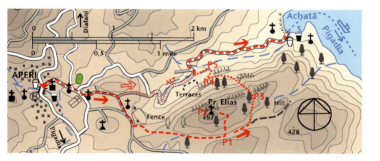

Weg abwärts, auf dem man ebenfalls zum Meer gelangen könnte. (Alternativroute unten.)

Vorerst geht es aber geradeaus, dann neben einer niedrigen Kapelle (li.) leicht abwärts und auf einem Feldweg

0.20 nach links bis zu einem neueren **Haus** mit Außenschornstein, das in einer Umzäunung steht.

!! *Direkt nach dem Zaun* steigt man links auf der flachen Rückseite des Berges ② langsam aufwärts, zwischen Felsbrocken, Salbei, Wacholderbüschen und teils verbrannten Kiefern. Vor einer grünen Hochebene zweigt ein Pfad

0.50 beim **Steinmännchen** (**P1**: N35°32,662'/ E27°11,730', 375m) nach links ab und führt uns jetzt steiler, aber wun-

1.05 derschön durch Wacholder hinauf zum **Gipfel des**
★ **Profítis Elías** (**P2**: N35°32,909'/ E27°11,728'; 490m) ab.

> *Der Prophet Elias, christlicher Nachfolger des griechischen Sonnengottes Helios, ist der »Standardheilige« auf den hohen Inselbergen, die der Sonne am nächsten sind. Hier findet man fast immer eine kleine Kapelle.*

Der spätere Weg ist von hier aus gut zu sehen: Ziemlich genau im Osten liegt etwas tiefer eine breite Scharte und dahinter ein Plateau mit Bäumen. Dort beginnt der Abstieg. Vom Gipfel geht es erst auf demselben Weg hinab zur

1.20 **Hochebene** (RGZ 0.50 des Aufstiegs).

> **Alternative:** Der unten beschriebene Weg führt pfadlos und mäßig steil ins Tal, aber die letzten 50 Meter sind sehr dornig. Einfacher, aber länger ist es, denselben Weg in 45 Minuten zur Gabelung (RGZ 0.15) zurückzugehen und dort nach rechts. In weiteren 45 Minuten, später auf der Straße, gelangt man zur Bucht.

1.20 Am **Steinmännchen** geht man links in einen Trampelpfad, der die Hochebene durchläuft ③. 300m vor einem

runden Bergkegel wendet man sich pfadlos nach links und geht dann an der Bergflanke zur Linken entlang nach rechts. Wenn die Ebene abfällt, sollte man leicht ansteigend den roten Punkten zur **Bergscharte** 4 folgen. (**P3:** N35°32,977'/ E27°11,988', 385 m). Hier schaffen die Bäume, die man schon von oben gesehen hat, einen wunderbaren Picknickplatz.

1.35

Von der Scharte steigt man rechts in der Falllinie ab und kommt links an einem breiten Felsrücken vorbei. In derselben Richtung geht es abwärts, in 50 m Abstand von einer Felsenreihe (re.), hinter der ein schroffer Absturz folgt. Die untere Reihe der großen Kiefern (225 m) bleibt links liegen. Weiter unten wendet man sich oberhalb eines Felsabsturzes links und kommt in eine weitere **Scharte** zwischen zwei Felswänden (**P4:** N 35°33,058'/ E27° 11,543', 160m). Eine Wand steht links oben, die andere liegt rechts unterhalb. Ab hier versperrt ein Gürtel von stacheligen Büschen den Weg nach unten. Man muss sich rechts direkt an den kahlen Felsen drücken und erreicht so das Bachbett (**P5:** N 35°33,096'/ E27°11,520). Da es *abwärts unpassierbar* ist, geht man nach links zur **Straße.** Uff!

2.15

2.25

Beim Weg ans Meer schaut man hinauf zum bezwungenen Fels und kommt sich vor wie Reinhold Messner. Die anderen Badegäste am **Strand von Acháta** hatten es einfacher, hierherzukommen.

2.55
OW

Wenn dann Cpt. Vassilis mit der »Sofia« um die Ecke braust, ist noch keine Eile geboten. Seine Gäste springen auch noch erst ins Wasser, bevor er Kurs auf Pigádia nimmt.

# ⑱ Ein Badetag

***Heute wird's gemütlich. Wir nehmen uns für drei Stunden den sanft geschwungenen, wunderschönen Küstenstreifen südlich von Diafáni vor – mit ausgedehnten Bade- und Picknickaufenthalt dauert es länger.***

■ ***8 km, Höhenunterschied 60 m, leicht***

RGZ Von der Figur der traurig ins Meer blickenden **Fischers-**
0.00 **frau von Diafáni** schlendert man am Hafen entlang nach
Süden bis zu einer Bootsrampe (li.). Dort geht man nach
rechts auf einem Pfad durch allerlei Bootsgerümpel hin-
0.05 durch und danach links hinauf zu einer **Kapelle** (re.).
Dem Fahrweg folgt man nach links. Wenn das Kap Thala-
sopoúnda passiert ist, führt er abwärts. Kurz vor dem Talboden (**P1:** N35°45,026'/ E27°12,798') verlässt man bei
Steinmännchen den Feldweg nach links in einen Pfad
0.10 und durchquert einen **Graben.**
Zehn Minuten lang führt der Pfad durch Olivengärten bis
0.20 zu einem winzigen **Badeplatz** in einer Senke (**P2:** N35°
44,765'/ E27°12,871'). Von dort steigt man einen Trampel-
0.30 pfad hinauf zum **Fahrweg** (50 m), den man nach links
neun Minuten lang benutzt.
Man passiert drei zum Meer laufende Gräben; links vom
!! vierten liegen *links drei kleine Oliventerrassen. 60 Meter da-*
*nach* (**P3:** N35°44,384'/ E27°12,795') verlässt man den
0.40 Fahrweg **nach links** in einen *schmalen Pfad,* der
nochmals durch einen Graben führt 1. 100 m nach einem Haus (rechts, mit Betontisch) durchqueren wir ein
0.50 weiteres Tal. Wieder oben auf dem **Fahrweg** geht man

links, bei der Gabelung nach rechts und nach 30 m auf einem Pfad nach links! Er führt durch einen kleinen Olivenhain zu einem Hügel über dem Meer. Dort wird er schmaler und schlängelt sich steil in ein breites Tal hinab. Links

0.55 liegt der **Strand von Papas Mínas** ② (**P4:** N 35°44,180'/ E27°13,061'). Falls die dunkelgrauen Schieferscheiben zum Liegen zu heiß sein sollten, kann man sie mit Meerwasser aus Plastiktüten abkühlen.

Zurück geht es auf demselben Weg, diesmal aber mit Blick auf den Berg Orkili (710 m). Dabei hat man sich natürlich die zwei Abzeigungen vom Fahrweg gemerkt. Vor Diafáni zweigt man vor der ersten Kapelle rechts ins Tal ab und

1.50 läuft schwungvoll im **Hafen** ein.

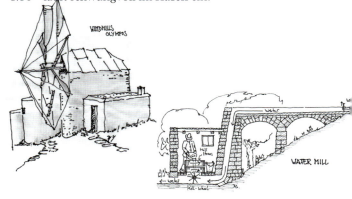

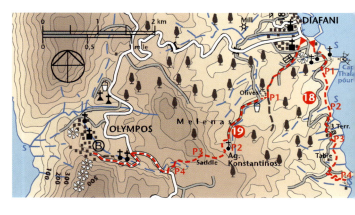

# ⑲ Eine einsame Kapelle

*Dieser drei- bis vierstündige Aufstieg von Diafáni nach Ólympos führt mit weiten Meeresblicken durch menschenleeres Hügelland. Eine uralte Kapelle liegt am gut markierten Pfad, ebenso eine Quelle. Abgesehen von den letzten 30 Minuten auf der Straße wandert man auf einsamen Pfaden.*

■ *12 km, Höhenunterschied 325 m, moderat bis schwer*

▷ *Karte siehe vorige Seite*

| | |
|---|---|
| RGZ 0.00 | Vom **Brunnen** am Hafen von **Diafáni** geht man die Gasse aufwärts und an der Taverne *Coralis* vorbei, wo der Wirt Michalis abends gerne zur Lyra greift. Gleich danach geht es nach links eine lange Treppe zur Nikolauskirche hinauf. Von dort nach links weiter aufwärts und auf dem Fahrweg erst rechts, dann links. Nachdem man zwischen Windmühle und Friedhof hindurchgegangen ist, streicht man oberhalb von Diafáni entlang. Später, schon im |
| !! | Wald, macht der Fahrweg eine Linksbiegung ①. *Kurz davor* verlässt man beim handgemalten Schild »Melena« den |
| 0.10 | Fahrweg nach **rechts aufwärts** in einen schmalen Pfad, der auf Schiefer durch lockeren Kiefernwald ansteigt ②. |
| 0.20 | Auf einer **Anhöhe** (150 m) blickt man in eine grandios einsame, grüne Hügellandschaft und übers weite blaue Meer. |
| 0.25 | Hat man den **Bergkamm** (**P1:** N 35°44,800'/ E 27° 12.324') erreicht, sieht man rechts in einem Tal einen Fahrweg, zu dem man absteigt ③. Auf rutschigem Schiefer |
| 0.30 | tastet man sich abwärts, durch einen **Olivenhain** hin- |

durch, gelangt man zum Fahrweg. Es ist der örtliche Wanderweg »7b«, dem man links folgt.

Im Talgrund gibt's reichlich Wasser, das in einem kleinen Reservoir gesammel wird. Weiter oben säumen Schilf und Oleander den sich aufwärts windenden Weg. In den Hügeln zeigt sich später einsam eine graue Kapelle ④.

0.55  Ist man unterhalb dieser Kapelle, zweigt rechts ein Pfad vom Fahrweg ab. Über eine Oliventerrasse führt er anfangs eben, dann ansteigend zur Kapelle **Ágios Konstantínos**; uralt und nur noch notdürftig ausgestattet (**P2:** N 35°44,414'/ E 27°11,839'; 210 m).

Erst geht es 40 m zurück, dann nach links und weiter aufwärts. Der Pfad auf rutschigem Schiefer ist ziemlich an-
1.10  strengend. Im **Sattel** (**P3:** N35°44,257'/ E 27°11,697'; 325 m) ist man froh, dass wieder bergab geht. Links vom Pfad verläuft später ein Trockenbett, das man durchschreitet und
1.20  so einen **Fahrweg** erreicht (**P4:** N35°44,220'/ E27°11,361'; 290 m).

Nach zwei Minuten ist man auf der Hauptstraße, die links nach Pigádia führt. Wir gehen sie nach rechts abwärts
1.35  und später an der **Gabelung** links. Ólympos ist längst in Sicht.

Man könnte über Terrassen ins Tal steigen und auf der anderen Seite den breiten Plattenweg aufwärts nehmen, aber eigentlich reicht es heute mit dem Auf und Ab. Die Straße ist zwar nicht ganz wanderergemäß, aber man ist
1.50  schneller in **Ólympos.** Die Tagesausflügler müssen schon langsam zum Bus, so dass man bald allein ist in den steilen Gassen des wunderbaren Bergdorfes. Hier den Abend zu verbringen ist etwas ganz besonderes- falls man die Rückfahrt organisiert hat.

# ⑳ Tagesausflug

*Speziell denjenigen, die für einen Tag von Pigádia mit dem Schiff kommen, soll diese Wanderung »Beine machen«. Nach der Besichtigung von Ólympos kann man in zwei Stunden durch ein grünes Tal zum Schiff in Diafáni zurückwandern.*
*Die sehr schöne Strecke ist leicht zu finden und bietet sogar einen Brunnen.*
■ *6 km, Höhenunterschied 245 m, leicht bis moderat*

**RGZ**
**0.00** Malerische Windmühlen reihen sich in Ólympos (245 m) entlang der Hangkante auf. Als einzige jedoch hat unten die **Taverne** »**Milos**« oder »Windmill« bespannte Flügel. Von dort steigt man Stufen auf der dem Meer abgewandten Seite im Rechtsbogen abwärts, gelangt unterhalb der Häuser auf einen Fahrweg, von dem man weiter unten
**0.05** scharf nach **links abbiegt.** Nach 50 m führt ein Trampelpfad links unterhalb einer Tonnenkirche ①. zum Zusammenlauf zweier Bäche und dort über den Fahrweg. Neben dem linken, kleineren Bach geht es aufwärts und später
**0.15** wieder abwärts. Dort liegt eine ummauerte **Quelle** (**P1:** N35°44,766'/ E27°10,614'), rechts darüber steht eine Hügelkapelle. Im Bachbett wandert man nach links hinauf,
**0.20** bis **Markierungen** unseren Weg nach rechts aufwärts leiten. Beim Pfadfinden das Zurückschauen nicht vergessen! Später überquert man das Trockenbett nochmals und kommt an eine Wegegabelung. Hier geht es rechts hinauf, ein Pumpenhaus steht gleich danach links am Bachbett. Von dort sind es nur wenige Schritte weiter hinauf zur
**0.25** **Straße.**

0.35 Auf ihr geht man links aufwärts und im **Sattel** (240 m) bei der Linksabzweigung 20 m aufwärts. Schnell hat man den Trampelpfad entdeckt, der rechts steil hinabführt. Unten überquert man die Straße und geht im Trockenbett weiter

0.45 abwärts bis zu einem **Wasserdurchlauf** unter der Straße. Nachdem die Straße über- oder unterquert ist, säumen Kiefern den weiteren Weg entlang dem schiefrigen Fluss-

0.55 bettes ②. Er ist wunderschön zu gehen, auch ein **Brunnen** (re.) fehlt nicht. Beim Zusammenlauf mit einem von links herabfallenden Bach entdeckt man später links am Hang

1.05 eine alte, wasserbetriebene **Getreidemühle**. Sie dreht sich schon lange nicht mehr. Aus der stehenden Röhre fiel Wasser in das angebaute Gebäude, in dem sich das Wasserrad und darüber die zwei liegenden Mühlsteine befanden. (s.S. 74)

1.10 Weiter unten kommt man im Flussbett auf eine **Fahrpiste**, die nach Diafáni führt. Die neuen Betonwände hier wurden gebaut, um eine nochmalige Flutkatastrophe wie im Oktober 1994 zu verhindern. Im breiten Betonkanal geht es dann zur Ortschaft und im alten Ortsteil nach

1.25 links zur **Schiffslände von Diafáni** zu.

# ㉑ Aufstieg nach Ólympos

*Diese vierstündige Wanderung zeigt das malerische Bergdorf Òlympos im Zusammenspiel mit der erhabenen Bergwelt. Der erste Anblick von Ólympos wird unvergesslich bleiben.*

*Von Diafáni wandert man auf einem Forstweg und einem alten Kalderími hinauf zum zeitentrückten Dorf Avlóna, wo man einkehren kann. Von dort geht es auf einem der schönsten Inselpfade nach Ólympos hinauf.*

*Bei RGZ 0.45 könnte man zu einer Rundwanderung mit Bademöglichkeit abzweigen.*

■ *11 km, Höhenunterschied 260 m, mittelschwer*

▷ *Karte siehe vorige Seite.*

| | |
|---|---|
| RGZ<br>0.00 | Vom **Bootsanleger in Diafáni** geht man 50 Meter nach Norden, biegt beim Backofen landeinwärts nach links ab und geht gleich danach rechts aufwärts weiter. Bei der nächsten Gabelung geht es ansteigend nach links auf einem breiten Betonweg aus dem Dorf hinaus. Bei dessen |
| 0.08<br>0.12 | Gabelung geradeaus, an **Antennen** (li.) vorbei bis zu einer weiteren **Gabelung** vor einem runden Wassertank. Wir nehmen natürlich den schmaleren Weg, der nach links aufwärts durch lichten Kiefernwald führt. Oben zieht es oft wie im Windkanal. Nach links gebeugt kämpft man gegen den Wind an. Die Bäume haben dies schon lange aufgegeben. |
| 0.35 | Bei einer **Rechtsabzweigung** (P1: N35°45,878'/ E27° 11,782') geht man links und wandert dann fast eben ober- |

halb eines Tales dahin ①. Etwas später hat man die Hügelseite gewechselt und hat rechts ein Tal liegen. Nachdem
man zwischen zwei Hausruinen durchgegangen ist,

0.45 kommt rechts ein **ummauerter Olivenhain** (**P2:** N35°
45,892'/ E27°11,317', 235 m).

*Abkürzung:* Bleibt man auf dem Fahrweg, umgeht man
Avlónas und gelangt direkt zur Kirche Ágios Konstantínos.

*Alternative:* Noch unterhalb des Haines führt ein sehr
schöner, gut markierter Pfad unter Kiefern in einem
Bachbett in 35 Minuten zum **Strand von Vanánda**.
Beschreibung siehe ㉒ nach RGZ 3.35.

0.45 Oberhalb des ummauerten Hains zweigt unser Weg nach
rechts ab. Anfangs unter Kiefern, gehen wir später auf einem steinbelegten Pfad aus alter Zeit. Harmonisch
schweift er durch das Hochtal ②, durchmisst eine Senke,

1.00 passiert ein **Gatter** und wird kurz danach von einem neu-
en Fahrweg unterbrochen. Auf diesem geht es 200 m nach
links und dann wieder nach rechts hinauf. Links sind Felder in das Hochtal gebettet. Hinter dem Hügel liegt das

1.10 **Dorf Avlóna** (290 m).

*Der Name bedeutet »Kleines Tal«. Hier scheint die Zeit
stehengeblieben zu sein. Enge Wege umschmiegen die
Häuser; alte Ziehbrunnen und Alónis, Dreschplätze, sind
eingesprengt. Alles ist noch in Betrieb. Dieses »Außendorf« wird nur zur Erntezeit bewohnt. Eine Taverne hat
zeitweise geöffnet und man ist dann doch froh, dass die
Getränke aus dem modernen Kühlschrank kommen.*

1.10 Von der Taverne geht man auf dem Fahrweg nach Süden
in Richtung der Antennen. Von den Feldern winken Männer und Frauen in alten Trachten freundlich herüber. Der

Fahrweg steigt langsam an. Nach acht Minuten, in der ersten Haarnadelkurve nach rechts, findet man die vertrauten roten Schilder, die die alten Pfade anzeigen. Wir gehen dort geradeaus und auf dem schönen Plattenweg durch den Talboden, später durch ein Gatter zum Sattel hinauf. Dort ist wieder die **Straße**, auf der man nach links schnell zur **Konstantinskapelle** (260 m) ③ gelangt. Sie liegt grandios vor einer Bergkulisse und bietet einen traumhaften Blick auf Ólympos.

1.30
1.35

Man geht die Straße abwärts und findet nach drei Minuten, 40 m nach einem Wasserdurchlass, rechts den Einstieg zum alten Fußweg, der im Zickzack steil hinabführt. Der Blick, den man hier genießt, gehört zu den schönsten der Ägäis ④. Hinter Ólympos erheben sich die steilen Felsen einer Traumlandschaft. Ein Bild, das auch aus den Anden stammen könnte.

★

Weiter unten geht man auf dem querenden **Fahrweg** 50 m nach rechts und anfangs im Bachbett, später rechts oberhalb desselben weiter. Nachdem das **Bachbett durchquert** ist, geht es auf der linken Seite weiter. Wieder im Bachbett gehend, sieht man unterhalb einer Hügelkapelle links eine ummauerte Quelle – dort verlässt man das Bachbett nach rechts. Unterhalb von Ólympos führen **Stufen** zu einem Fahrweg hinauf. Diesen geht man 50 m links, dann rechts und hinauf ins wunderschöne **Ólympos**, das gegen Abend nicht mehr überlaufen ist. Unten glitzert das Meer.

1.45

2.00

2.15
2.25

▷ Die Taverne in **Avlóna** vermietet neue **Gästezimmer** mit traditioneller Einrichtung und Soufás, den karpathischen Podestbetten. Es ist ein ganz besonderes Erlebnis, in diesem abgeschiedenen Dorf aufzuwachen (Tel. 22 450-510 46).

▷ Für einen faulen Tag eignen sich die Balkone der phantasievoll gebauten **Pension** »Glaros« in Diafáni besonders gut (Tel. 224 50-515 01).

# ㉒ Die untergegangene Stadt

*Diese siebenstündige, wohl eindrucksvollste Wanderung auf Kárpathos ist vor allem im Frühjahr ein Erlebnis – erfordert aber einige Kondition! Sie verläuft meist auf Pfaden ohne steile Anstiege . Man kann in Avlóna einkehren und sogar übernachten (s.S. 81). Zur umfangreichen Ausrüstung sollte auch eine Taschenlampe gehören.*
*Eine elegante Abkürzung wäre es, sich in Vroukoúnda mit dem Boot abholen zu lassen! (s.S. 92). Oder ein Taxi zur Kapelle Ágios Konstantínos oder nach Avlóna zu nehmen.*
■ *20 km, Höhenunterschied 300 m, schwer*

RGZ
0.00 An der **Abzweigung nach Avlóna** springt man flink aus dem Bus, geht die Asphaltstraße nach rechts aufwärts und hat das wunderschöne Bergdorf Ólympos hinter sich liegen. Wenn sich von links die Stromleitung der Straße nähert, kann man einen unterhalb verlaufenden Fußweg als Abkürzung wählen.

0.15 Bald ist die **Kapelle Ágios Konstantínos** erreicht, von wo aus sich der beste Blick auf Ólympos bietet. Weiter geht es auf der Straße, die später abwärts führt. Gegenüber dem Kieswerk (li.) gelangt man durch ein Gatter zum abwärts führenden alten Eselspfad nach Avlóna, das bald sichtbar wird. Wunderbar schreitet man dahin, biegt nach Erreichen der Betonstraße nach rechts ab und kommt nach

0.35 **Avlóna** ① (280 m). Mehr darüber in ㉑.
Auf der »Hauptstraße« passiert man die Dorftaverne (re.) und folgt dem breiten Feldweg noch fünf Minuten in

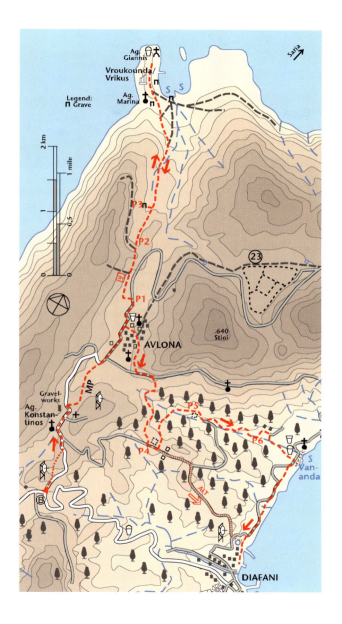

mehreren Biegungen durch fruchtbares Land, immer der Beschilderung »Vroukoúnda« nach, bevor man links

0.45 durch ein Portal aus riesigen **Feigenbäumen** ② tritt (**P1:** N 35°46,636'/ E 27°10,707').

Die steinernen Leitplanken eines Monopáti führen uns Richtung Meer, anfangs leicht aufwärts. An einer undeutlichen Gabelung geht's rechts und nach 200 m zu einem

0.55 weiteren **Gatter** im Sattel (**P2:** N35°46,937'/ E27°10,539'). Die Felder sind nicht mehr bewirtschaftet, die Gegend wird einsam. Aber das blaue Meer lockt hinab – teils auf einem kunstvoll ausgeführten Kalderími, teils auf Schotterpfaden. Ein Hinweisschild macht darauf aufmerksam, dass 100 m

1.10 links vom Weg ein antikes **Grab** mit Schild-Reliefs zu sehen ist (**P3:** N 35°47,375'/ E27°10,421'). Das Panorama reicht von der Schwesterinsel Saría auf der rechten Seite bis zu der wie ein Tafelberg vorgelagerten Halbinsel Vroukoúnda ③ zur Linken. Auf Schotter geht's steil und mühsam bergab in die Küstenebene.

Vor der Halbinsel liegt links zwischen den Felsen die Kapelle Agía Marína, in die antike Bauteile eingefügt sind.

Am Hauptweg fällt links ein Felsklotz auf, der wie ein kariöser Zahn gelöchert ist und Grabnischen birgt. Auf Stufen gelangt man auf den Tafelberg hinauf. Links erheben sich die riesigen Quadermauern der antiken Stadt.

1.40 *In der Antike stand auf dem Plateau die **Stadt Vrikous**. Sie war eine von vier dorischen Städten auf Kárpathos und Saría und entstand vor 3000 Jahren. Wahrscheinlich gab es an diesem leicht zu verteidigenden Ort schon davor eine mykenische Siedlung. Die Stadt war noch zu byzantinischen und venezianischen Zeiten besiedelt, wurde aber dann wohl wegen häufiger Piratenüberfälle aufgegeben.*

*Alles ist vergangen. Ein Stadtgrundriss mit Gassen und Häusern ist nicht mehr festzustellen, da viele der halbhohen Mauern als Ziegenpferch gedient haben.*

1.50 Am Ende der Halbinsel wartet noch etwas Außergewöhnliches: die unterirdische **Kapelle Ágios Giánnis.** Der Altarraum ist durch zwei antike Säulen abgetrennt, in das kreuzförmige Marmor-Taufbecken tropft Wasser von der Decke. Am 28. und 29. August ist Kirchweih. Die Stimmung ist unbeschreiblich, wenn hier unten Hunderte von Kerzen brennen.

Für den langen Rückweg gibt es Wasser bei der Kapelle. Am Sand-Kiesstrand gibt es weitere Felsgrabkammern, die früher mit Steinplatten verschlossen waren, alle zum Sonnenaufgang orientiert. Vom Strand aus nimmt man den-
2.50 selben Weg. Zuerst 300 Höhenmeter hinauf zum **Sattel**
3.05 und dann weiter bis **Avlóna.**

*Alternative:* Wer von hier nach Ólympos will, benutzt ㉑. 200 m nach der Taverne biegt man nach einem Brunnen links in eine Gasse ein, geht zickzack aufwärts und dann nach rechts. Am südlichen Ortsrand sieht man die Tonnenkapelle Ágios Nikoláos ④, die man passiert und dann
3.15 auf einen **Kalderími** trifft. Den bald folgenden Feldweg
3.20 geht man 150 m nach links und findet rechts **Schilder** hinab zum weiterführenden Kalderími. Er führt zunächst durch die Senke, dann über eine Kuppe und hinunter in einen würzig duftenden, schattigen Kiefernwald.
3.35 Man umläuft einen **ummauerten Olivenhain** (li.) (**P4:** N35°45,892'/ E27°11,317', 245 m) und geht den breiten Forstweg 50 m links abwärts.

*Abkürzung:* Wer auf dem breiten Forstweg bleibt, eine Linksabzweigung nicht beachtet und erst nach den Antennen von **Diafáni** links hinabgeht, kann sich nach 40 Minuten am Hafen etwas zum Trinken bestellen. Es gibt zwei ausgeschilderte Abkürzungen für Wanderer, die aber ziemlich steil sind.
3.35 Der romantischere Weg zweigt allerdings unterhalb des ummauerten Olivenhaines nach links ab. Auf schiefrigem Untergrund geht's unter Kiefern abwärts. Man durchquert den
3.45 **Talboden** und achtet dort sorgfältig auf die Richtungspfeile. Links oberhalb des Bachbettes läuft man dem Meer entge-
3.50 gen. Einen weiteren ummauerten **Olivenhain** (**P5:** N35° 46,160'/ E27°11,658') lässt man rechts und kommt später
3.55 wieder ins **Bachbett.** Der Fahrweg dort interessiert nicht.

Längere Zeit geht man etwas links oberhalb, dann wieder fünf Minuten rechts vom Bachbett. Wenn man links am Hang einen Schuppen sieht, verlässt man das Bachbett nach links (**P6:** N35°46,257'/ E27°12,268') und wendet

**4.10** sich nach zehn Metern in **Oliventerrassen** nochmals links aufwärts. Nach dem Wohnhaus (li.) an der »Odos Kanari« biegt man nach rechts, kommt erneut ins Bachbett, verlässt es nach 50 m nach rechts aufwärts und ge-

**4.15** langt zum **Strand von Vanánda.** Hier gibt es einen Brunnen und eine Art von Gartenlokal.

Zurück benutzt man kurz den Fahrweg und findet vier ab-

**4.40** kürzende Fußpfade entlang der Felsküste nach **Diafáni.**

## Götterwelt

Am Anfang aller Dinge tauchte die Terra Mater, die Erdgöttin Gaia aus dem Chaos auf. Sie gebar im Schlaf aus sich selbst heraus den Uranos und nahm ihn gleich auch als Gatten.

Aus dieser unüblichen Verbindung entstammen neben anderen Titanen Kronos und dessen Schwester Rhea. Die beiden schlossen sich, ganz im Stil der Familie, ebenfalls zusammen und zeugten die Göttinnen Hera (später die römische Juno, die Beschützerin des Kriegsadels), Hertia (röm. Vesta, die Göttin des häuslichen Herdes) und Demeter (Ceres, die Göttin der Äcker) sowie die Götter Zeus (Jupiter), Poseidon (Neptun) und Hades (Pluton).

Die Männer teilten sich die Welt: Zeus nahm sich den Olymp und damit die Dominanz, seine Brüder das Meer und die Unterwelt. Zeus, der höchste der Götter, Herr über Himmel und Erde, nahm sich auch noch seine Schwester Demeter zur Frau, die ihm die Götter Ares (der römische Kriegsgott Mars), Eilythia, Hebe und Hephaistos (Vulcan) gebar. Aus seinen Verbindungen mit 15 anderen göttlichen Schwestern entstammen neben anderen Artemis, Apollon, Hermes und Aphrodite. Artemis (Diana) ist die Göttin der Jagd, Apollon (Apollo) vertritt Recht, Ordnung und Frieden, Hermes (Merkur) ist der Patron der Wanderer, Hirten, Kaufleute und Schelme während Aphrodite (Venus) die Herrin der sinnlichen Liebe und der Schönheit ist.

Zeus war jedoch nicht nur im Himmel unterwegs. Mittlerweile gab es auch auf der Erde schöne Prinzessinnen. Ihnen näherte er sich in verschiedenster Gestalt, etwa als Stier, Schwan und sogar als Gatte der Verehrten. So kamen neben fünfzehn anderen die Heroen Minos, Perseus, Helena und Herakles auf die Welt. Sie waren jedoch nur Halbgötter, die das Bindeglied zwischen Erde und Himmel darstellen.

# ㉓ Ganz schön allein

*Möchte man die vierstündige Wanderung für die einfache Strecke ganz allein unternehmen, sollte man ein Mobiltelefon und alles Notwendige mitnehmen, da man für Stunden keiner Menschenseele begegnet. Wasser gibt es an Anfang und Ende des Weges, Markierungen (OL8) nur zu Beginn.*

*Nicht nur der einsamen Landschaft wegen, sondern auch wegen der wunderschönen alten Pfade macht man die Wanderung. Ratsam ist es, eine Strecke mit dem Boot zurückzulegen (s.S. 92).*

■ *11 km, Höhenunterschied 430 m, schwer*

## Avlóna – Trístomo

| | |
|---|---|
| RGZ 0.00 | Bequemerweise startet man in **Avlóna**. Vor der Taverne geht man die Gasse rechts, nach 80 m links und folgt den roten Punkten, die aus der Ortschaft hinaus auf ein Monopáti leiten. Dort steht auch ein großes Hinweisschild nach Trístomo. Nach einem Gatter wird der Weg zum |
| 0.08 | Trampelpfad, der kurz darauf einen **Fahrweg überquert**. Der folgende, später plattenbelegte Weg verläuft am Hang nach rechts aufwärts. Die ummauerten Felder im Tal sind die Kornkammer der Insel. Viele Bürger von Ólympos und Diafáni haben hier Äcker. |
| 0.20 | Dann wendet man dem Tal den Rücken zu und **geht abwärts** in die fruchtbare Achórdea-Senke ①. Vor den Feld- |
| 0.25 | mauern schickt uns ein verblasstes **Schild** (**P1:** N35° 47,120′/ E27°11,308′) nach links, immer an der Mauer entlang. Ein Wasserschlauch begleitet uns. |
| 0.40 | Am Ende der Mauern steht eine betonierte **Tränke.** Von |

|       | dort folgt man vier bis fünf Minuten lang dem Feldweg aufwärts, biegt dann aber bei einem großen, blau markier- |
|-------|----|
| 0.45  | ten **Felsbrocken** (30 m li.) nach links ab und nimmt den Trampelpfad, der parallel zum Feldweg verläuft. Zwischen Feldmauern und Gebäuderesten hindurch gelangt man in |
| 1.00  | den Sattel (420 m) und an eine **Zisterne** (P2: N35°47,847'/ E27°12,184'). Kurz darauf trifft man zwischen zwei Beton- trögen auf einen Fahrweg, dem man bis zu einer scharfen |
| 1.05  | **Linkskurve** folgt. |
|       | Geradeaus führt uns ein markierter Trampelpfad abwärts, der, nach weiteren 30 m Feldweg, rechts oberhalb eines |
| 1.10  | **Gartens** (P3: N35°48,156'/ E27°12,431'), verläuft. Auf ei- |
| ★     | nem wunderbaren Plattenweg ② wandert man mit tollem |
| 1.25  | Blick abwärts, bis man von der letzten **Anhöhe** (P4: N35°48,567'/ E27°12,453', 270 m) auf die Ebene von Kilíos ③ und die Insel Saría hinabblickt. Von der Anhöhe zickzackt der sorgfältig gelegte Steinweg in die fruchtbare Ebene hinab. Sie war bis vor 40 Jahren bewirtschaftet. |
| 1.45  | Unten durchquert man mit kurzem **Linksversatz** (P5: N35°48,455'/ E27°12,784, 70 m) das erste Trockenbett und biegt nach zwei Minuten im zweiten nach links ab- wärts ein. Die Hausruinen der vom Meer nicht sichtbaren Ortschaft Kilíos liegen rechts am Weg. In Meeresnähe läs- st man die Feldmauern und den Weiher links liegen, ge- langt über einen kleinen Hügel und sieht links auf einer Kuppe die Kapelle Agíi Anargíri. Oberhalb der Bucht mit |
| 2.20  | der Nikolaus-Kapelle ④ geht es nach **Trístomo** (P6: N35° |
| OW    | 49,253'/ E27°13,325'). Die Bewohner haben sich davonge- macht und leere Gebäude hinterlassen. Ein einsamer Ort. Nun gibt es **zwei Möglichkeiten** zurückzuwandern. |

# Rückweg nach Díafani am Meer entlang

*Dieser Weg (OL 11) durch die Felsen über dem Meer verläuft auf einem teilweise schmalen Pfad, der 2005 restauriert wurde. Der Untergrund ist schiefrig und teilweise rutschig. Wer hier geht, muss absolut trittsicher und schwindelfrei sein. Außerdem sollte es nicht allzu windig sein. Dafür bietet dieser Weg aber spektakuläre Aussichten und ein erfrischendes Bad in Vanánda.*

■ *10 km, Höhenunterschied 170 m, schwer*

RGZ
2.20

In **Trístomo** geht es bei der Blechtafel, die das Ziel Diafáni anzeigt, rechts vom Tiergehege bergauf. Dann nach rechts steil zwischen zwei Mauern aufwärts, später links durch eine Mauerbresche und sofort wieder rechts. Ein Trampelpfad führt zwischen den Felsbrocken schräg den Hang nach rechts hinauf, bis oben eine Hausruine (re.) erreicht ist. Man blickt ins nächste Tal, geht nach links und findet

2.45

nach 80 m eine **Wegegabel** (**P7**: N 35°48,976'/ E 27° 13,689'; 170 m). Nach links geht es zu der Katherinenkapelle und dem nördlichsten Punkt von Kárpathos, dem Kap Stenó.

Wir wandern hier nach rechts und dann horizontal am Hang entlang und können rechts das Tal von Kilíos und

2.55

unseren Herweg erkennen. Bald ist ein **Sattel** erreicht. Das Meer liegt unter uns, der Abstieg beginnt.

20 Minuten lang durchquert man die nicht mehr genutzten Felder von Orkis An klaren Tagen sieht man hinüber bis nach Rhódos und Chálki. Dann verläuft der Pfad steiler abwärts und man geht vorsichtiger.

| 4.00 | Als markanter Wegpunkt werden später **steinerne Stufen** erreicht. Sie waren ursprünglich aus Holz und gaben der |
|---|---|

4.00 Als markanter Wegpunkt werden später **steinerne Stufen** erreicht. Sie waren ursprünglich aus Holz und gaben der
✓ Gegend den Namen Xilóskala, hölzerne Treppe. Danach
✓ durchquert man ein Gebiet mit größeren Steinbrocken
(**P8:** N 35°47,284'/ E 27°12,973'). Kiefern spenden etwas
Schatten, bis man wieder auf breitere Wege gelangt ⑤. Der
Pfad endet an einem Schuppen (re.) und geht in einen
4.30 **Fahrweg** über, der nach **Vanánda** hinunterführt. Dort
4.50 kann man baden und notfalls in der skurrilen Kneipe unter Bäumen etwas trinken.

5.10 Am Meer entlang wandert man nach **Diafáni** (s.S.86).

## Rückweg nach Avlóna im Landesinneren

*Dies ist der bereits bekannte Herweg. Ist man mit dem Boot gekommen, gilt die erste Zeitangabe.*

0.00/ Vom verlassenen Trístomo aus wandert man am Wasser
2.20 entlang, biegt nach rechts zur Nikolaus-Kapelle ab und ge-
0.15/ langt zur Kapelle **Agíi Anargíri** mit Zisterne und Ba-
2.35 demöglichkeit.

Von dort geht es über den kleinen Höhenrücken, dann
links vom Weiher und nach einer Ruine im Rechtsbogen
0.20/ um die Feldmauern herum zu einer **Hausruine** (li.) und
2.40 ab dort leicht aufwärts. Blaue Markierungen sind vorhanden und leiten später abwärts auf das Zusammentreffen
zweier Täler zu, von denen wir dem linken aufwärts folgen. Links die Hausruinen des verlassenen Ortes Kilíos,
0.40/ rechts später zwei große **Feigenbäume**, nach denen man
3.00 direkt nach rechts aufwärts weitergeht. Nach zwei Minuten durchquert man ein Trockenbett schräg versetzt nach
links (**P5:** N35°48,455'/ E27°12,784') und beginnt frohge-
mut den Anstieg. Am Weg steht bald ein großer Felsblock
neben einem Haus. Der Zickzack-Stufenweg ist immer
noch die einzige Landverbindung nach Ólympos. Der An-
1.05/ stieg auf die **erste Anhöhe** (**P4:** N35°48,567'/E27°12,453';
3.25 270 m) fordert die meiste Kraft. Es folgt ein weniger steiles
1.20/ Stück auf den nächsten **Pass** (380 m). Von hier aus sieht
3.40 man einen verlassenen, ummauerten Garten (re.) und da-
1.25/ hinter den Beginn eines breiteren **Fahrweges**, den man
3.45 dann benutzt, nach 20 m aber eine Kehre abschneiden
kann. Er führt über eine Kuppe, bis er sich in der Nähe
1.35/ von Mauern bei zwei **Betontrögen** gabelt.
3.55

Hier geht man rechts und gleich danach links, an einer Zisterne (**P2**: N35°47,847′/ E27°12,184′) vorbei und rechts neben den Mauern weiter. Dies ist mit 420 Metern der Scheitelpunkt der Wanderung. Zwischen Feldmauern geht es abwärts der Achórdea-Ebene entgegen.

*1.50/*
4.10 Bei einem **Felsbrocken** mit blauer Markierung wechselt man nach links auf den abwärts führenden Fahrweg. Dieser gabelt sich bei einem Betontrog (re.) – wir gehen rechts der Mauern am Wasserschlauch entlang. Am Ende der

*2.10/*
4.30 Feldmauern wandert man beim **Markierungsschild** (li.) (**P1**: N35°47,120′/ E27°11,308′) geradeaus und gelangt auf einem breiten Plattenweg aufwärts. Rechts unten liegt ei-

*2.15/*
4.35 ne Schlucht, links kommt nochmals eine **Tränke**. Felder tauchen auf. Nach einem Gatter geht man links und sieht bald Avlóna mit Antennen darüber ⑥. Der Fahr-

OW
*2.35/*
4.55
RT weg, der so lange unsichtbar über uns verlief, wird überquert und wir erreichen das »Außendorf« **Avlóna**, das nur zur Erntezeit bewohnt ist (**P**: N35°46,469′/ E27° 10,832′, 285 m). Zeitweise bekommt man zu essen und zu trinken. Von hier aus könnte man sich mit dem Taxi abholen lassen.

Wer **nach Diafáni** wandern will, folgt ㉒, nimmt aber besser bei RGZ 3.35 die abkürzende Alternative. Das dauert eine Stunde.
**Nach Ólympos** führt ㉑ ab RGZ 1.10.

▶ Kapitän *Nikos Orphános* kann Wanderer mit dem **Boot nach Trístomos oder Saría** bringen oder abholen. Sein Büro liegt am Hafen, Tel. 224 50-51410.
*Vasílis Baláskas* schippert ebenfalls.

▶ Für **Einzelwanderer** bietet sich manchmal eine günstigere Möglichkeit: Wenn man am Vortag mit dem Kapitän des **Ausflugsschiffes nach Saría** »Karpathos II«, Kontakt aufnimmt, kann man vereinbaren, sich in Trístomo absetzen zu lassen. Der Nachteil ist, dass man erst um 11.15 Uhr in der Mittagshitze ankommt.

# ㉔ Auf Saría

*Da Saría seit 30 Jahren nicht mehr ständig bewohnt wird, gibt es dort nur Fußpfade. Einer davon führt uns in vier bis fünf Stunden vom Süden in den Norden der abwechslungsreichen Insel. Die Hin- und Rückfahrt geschieht mit privaten Booten (s.S. 92). Am Anfang und Ende des fast schattenlosen Weges sind Zisternen zu finden.*

■ *11 km, Höhenunterschied 275 m, moderat bis schwer*

RGZ
0.00 Nach Überquerung der nur 150 m breiten Meerenge zwischen Kárpathos und Saría werden die Wanderer am **Iaplós Beach** abgesetzt. Am Strand entlang geht es nach rechts zur Kapelle Ágios Spirídon und davor durch Breschen in den Feldmauern links hinauf. Ein etwas schwer erkennbarer Pfad zieht an der rechten Flanke des Hügels aufwärts.

0.20 Nach der **Anhöhe** (150 m) trifft man nach einem Gatter auf eine Zisterne (**P1:** N35° 50,783'/ E27°14,023'). Kurz danach lässt man einen Schuppen rechts liegen und durchquert einen Olivenhain in der Pila-Ebene. Bevor der Pfad

0.30 ansteigt, läuft er an einem weiteren **Schuppen** vorbei und vereint sich auf halber Höhe mit einem von links kommenden Pfad (**P2:** N 35°51,209'/ E 27°14,017'). Auf der An-

0.40 höhe passiert man einen **ummauerten Olivenhain** (re.)
0.45 und erreicht dann die **Andreas-Kapelle** ① (**P3:** N35° 51,400'/ E27°14,055', 210 m).

An einem Schuppen (re.) vorbei geht es in die Senke hinab, rechts am ummauerten Olivenhain entlang und auf einem undeutlichen Pfad wieder aufwärts. Oben liegt rechts ein weiterer Olivenhain. In der nächsten Senke das-

selbe Spiel: rechts am ummauerten Hain vorbei, dann aber auf breiten

1.00 **Steinstufen** aufwärts und danach ein längeres Stück fast eben weiter ②. Ein Haus mit Wandfries lässt Einblicke in das damalige Leben zu: Spartanisch – aber mit Kaiserblick (**P4:** N 35° 51,851'/ E 27°13,936').

Danach fällt das Gelände in eine Senke mit ummauertem Feld leicht ab, wir bleiben aber auf halber Höhe am Hang und finden endlich ein paar Schattenspender. Der Weg steigt wieder leicht an und passiert eine riesige Höhle. Oben geht es im Zickzack durch die Felskante, Höhenängstliche schauen dabei nicht zum Meer hinunter. Gleich

1.40 danach ist die **Alonás-Hochebene** erreicht (**P5:** N 35°52,597'/ E27°13, 740', 275 m).

Nach 100 m gabelt sich der Pfad – wir gehen links. Ein kurzes Stück wandert man horizontal dahin, dann biegt man nach rechts in eine Schlucht ab und wandert am Gegenhang wieder aufwärts. Oben sieht man das nächste Ziel: das Dorf Argos. Ein Schotterpfad führt

2.10 uns in die Richtung und **gabelt** sich unterhalb davon (**P6:** N 35°53,295'/ E 27°13,396').

> *Abkürzung:* Von hier geht es rechts durch die Schlucht in 15 Minuten zur Bucht von **Palátia**.

2.10 Wir gehen von der **Gabelung** hinauf in das verfallene **Árgos**, das vor 30 Jahren verlassen wurde. Die Häuser sind teilweise noch eingerichtet, da einige Bauern aus Diafáni hier Ziegen halten. Oberhalb des Dorfes wendet man sich

auf einem Pfad nach rechts in Richtung eines einzeln stehenden Feigenbaumes, den man 30 m oberhalb umrundet und dann, sich rechts haltend, auf den Hügel hinauf-

2.15 wandert. Dort passiert man ein umgefallenes **Gipfelkreuz**

2.25 und sieht später die weiße **Kirche Ágios Zacharias** ③ (**P7:** N35°53,319'/ E27°13,714'). Am 5. September treffen sich hier die Familien der früheren Bewohner zur Kirchweih. Ohne Pfad läuft man von der Kirche an der steilen Hangkante entlang nach Norden weiter und kommt über eine Erhebung. Jetzt sind es noch weitere 300 m, bis man eine

3.05 passende Stelle zum pfadlosen **Abstieg** in das rechts liegende Hochtal findet – zwischen Felsen hindurch und schon auch mal auf dem Hosenboden. Dabei hält man

3.15 sich rechts, kommt in **Talmitte** an und geht weiterhin rechts nach Süden zum Ausgang der Hochebene.

3.30 Am Ende der Ebene gelangt man zu **Hausruinen** und umläuft den Hügel nach links. Dort erheben sich runde Hausreste, die »Paläste« (»Palátia«) genannt werden ④. Sie sollen von syrischen Seeräubern vor 600 Jahren gebaut worden sein, könnten aber auch frühchristliche Gräber

3.40 sein. Auf einem Pfad geht es hinab zur **Bucht von Palátia**, an der zu dorischen Zeiten eine Stadt lag.

**Dreistündige Wanderung ab Palátia:** Geht man am Bachbett aufwärts, befindet sich nach wenigen Metern links die Sophien-Kapelle. Sie war ursprünglich viel größer und hatte angeblich 101 Türen.
Weiter geht es durch die malerische Schlucht auf eine Hochfläche, in der sich der Weg gabelt. (**P6:** N 35°53,295'/ E 27°13,396'). Ab hier folgt man der obigen Beschreibung ab RGZ 2.10 nach rechts hinauf.

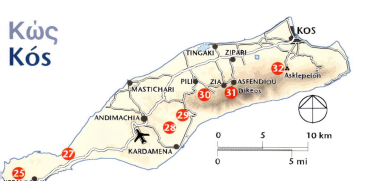

# Κώς
# Kós

Die Heimat des Hippokrates ist es seit jeher gewohnt, Gäste zu beherbergen. Die vornehmen Bade- und Kurgäste der Antike sind heute von Touristen aus ganz Europa abgelöst worden, die von den überaus schönen, kilometerlangen Sandstränden angezogen werden.

Daneben bietet die Stadt Kós dem Interessierten überaus interessante Bauwerke aus 3000 Jahren. Sie ist ein Freilichtmuseum der ganz besonderen Art.

Wanderern eröffnet ein weites Wegenetz viele Möglichkeiten, die Insel ausgiebig zu erkunden. Topographisch interessant und zum Wandern gut geeignet sind die hügelige Halbinsel Kéfalos, die vulkanischen Ursprungs ist, und das waldige Dikéos-Gebirge, das Rückgrat der langgestreckten Insel. Im Süden ragt es steil aus dem Meer, nach Norden läuft es sanft zum Wasser hin aus. Vor allem in den Bergen findet man das ganze Jahr über Brunnen. Hier zeigt sich die üppige Vegetation der wasserreichen Insel. Die flache Nordküste bietet lange Strände und lässt sich besser mit dem Fahrrad erkunden.

Seit 2009 gibt es vom Kompass Verlag für Kós und weitere Inseln des Dodekánes eine Karte im Maßstab 1:50.000.

Dank dem gut ausgebauten öffentlichen Bussystem sind die Ausgangspunkte der beschriebenen Wanderungen problemlos erreichbar. Vor allem die Touren 25 und 30 sind zu empfehlen, bei Tagesausflügen sind auch Wanderungen auf den Inseln Nísyros und Psérimos möglich.

# ㉕ Im Meeresrausch(en)

*Heute wollen wir die windige Nordwestküste von Kós erleben. Der Weg dorthin ist einfach zu finden, bietet allerdings weder Bäume noch Brunnen. Die Hälfte der dreieinhalbstündigen Wanderung verläuft dann auf Küstenpfaden oder direkt am Wasser. Zum Schluss erwarten uns in der Strandtaverne »Ágios Theólogos« dann Schatten, Speisen und Getränke. Und vielleicht erleben wir einen unvergesslichen Sonnenuntergang.*

■ *12 km, Höhenunterschied 100 m, mittelschwer*

RGZ
0.00    Von der **Busstation von Kéfalos** geht man in der Linkskurve aufwärts und biegt vor dem Kinderspielplatz die *vierte Straße* nach rechts ab. Nach 30 m nimmt man die Straße nach links. Bei der Gabelung vor einem Baustofflager bleibt man links und passiert eine **Marmorwerkstatt**
0.05    (li.). Auf dem Höhenrücken drehen sich die Windrotoren, die verfallene Windmühle links kann dies nicht mehr. Man geht zweimal durch eine Senke, bevor man – wieder
0.15    oben – in eine **Straße** nach links einbiegt (**P1:** N 36° 44,739'/ E 26°56,952').
        Nachdem der Asphalt in Sand übergegangen ist, führt der Fahrweg am Umspannwerk der Rotoren (re.) vorbei und
0.20    über einen Höhenrücken. Nachdem die folgende **Wegekreuzung** überquert ist (links eine Viehtränke), wird dem Meer entgegengezogen. Vier Reihenhäuser stehen oberhalb einer Gabelung, bei der wir geradeaus weiter gehen. Nach einer Senke folgt eine weitere Gabelung, bei der
0.30    links ein **eingezäuntes Haus** in einem Olivengarten steht

(**P2:** N 36°44,462'/ E 26°56,053'). Hier wandert man nach rechts und nach 100 m an der Gabelung horizontal nach links weiter. Bei einer Viehtränke folgt man dem Feldweg nach links abwärts.

!! 30 m *vor einer scharfen Rechtskurve* verlassen wir den Feldweg nach links in einen Pfad (**P3:** N 36°44,443'/ E 26° 55,749'). Dieser führt zunächst durch eine Rinne und wendet sich dann Richtung Meer. Meist pfadlos erreicht man schließlich eine **Bucht** (**P4:** N 36°44,429'/ E 26° 55,414'), zu deren beiden Seiten weitere menschenleere Stände liegen ⒈.

0.50

★ Pause!

Am Wasser entlang, vom Meeresrauschen begleitet, machen wir uns viel später auf den Weiterweg. Zunächst zwölf Minuten auf Küstenpfaden durch Heidelandschaft über die Kliffs aus Bims, dann für 80 m auf einem Fahrweg und später wieder auf deutlichen Pfaden durchs Gebüsch. Nach einer **tiefen Schlucht** kann man auch direkt am Strand gehen ⒉. An einer **Engstelle** muss man eventuell die Schuhe ausziehen oder neue Watsteine versenken. Später muss man den Strand durch einen der zwei Gräben aufwärts zu den oben gelegenen Pfaden verlassen, da das Meer direkt an die Felsen brandet. Oben trifft man später auf einen Fahrweg und gelangt nach rechts zum breiten **Strand von Káta.** Von dort ist es nicht mehr weit zur **Taverne Ágios Theólogos** (**P5:** N 36°42,839'/ E 26° 55,347').

1.15
1.35

1.45
2.05

So viele menschenleere Strände hätten die dort versammelten Autofahrer sicher gerne erlebt!

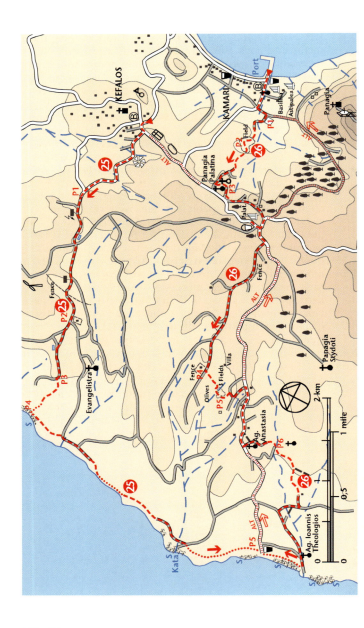

100 **Kós**

# ❷❻ Über den Schafskopf

*Das westliche Ende von Kós hat die Form eines
Schafskopfes und wird »Kéfalos« – »Kopf« genannt.
Die mehr als vierstündige Wanderung für den einfachen Weg führt hauptsächlich auf Feldwegen von
Kamári über den Höhenrücken zu einer guten Taverne an der windigen Westküste. Die Orientierung ist
teilweise etwas schwierig. Am Weg liegen eine idyllische Kirchenruine und ein verfallenes antikes
Theater. Wer den Sonnenuntergang erleben möchte,
kann sich von der Taverne »Theológos« vom Taxi
(224 20-714 28 oder -715 96) abholen lassen.
Ab Kéfalos ist es 15 Minuten kürzer.*
■ *13 km, Höhenuntersch. 155 m, moderat bis schwer*

▷ *Karte siehe vorige Seite*

**RGZ** **Abkürzung:** Falls man in **Kéfalos** startet, geht man auf der
Straße nach Süden und vorbei an Friedhof und Sportplatz
bis zur Kirche Panagía Palatianí auf einer Anhöhe links
von der Straße (= RGZ 0.30).

**0.00** Vom **Hafen von Kamári** aus geht es beim empfehlenswerten Lokal »**Fáros**« auf der Straße landeinwärts und bei
**0.08** der zweiten **Abbiegung** – direkt bevor die Straße ansteigt
– auf einem Fahrweg nach links. Vor dem erhöhten
großen Betonplatz (**P1:** N36°44,018'/ E26°57,906') wandert man rechts ① und sieht sofort links einen kleinen Altar. Vor den weißen Felsen wandert man nach rechts in
das Tal hinein, an einem Olivenhain (re.) entlang, bis der
Weg an einem Feld endet. Auf ihm geht man weglos erst

rechts, dann links hinauf. Nach 20 m auf dem oberen Plateau benutzt man rechts Stufen im Bimsgestein ☑ und steigt vier Meter hinauf (**P2:** N 36°44,119'/ E26°57,645'). Ab hier führt ein Trampelpfad durch die Terrassen, bis er in einen Fahrweg übergeht. 50 Meter vor der Straße geht

0.30 man links und gelangt durch Olivenbäume zur Kirche **Panagía Palatianí (P3:** N36°44,052'/ E26°57,500', 130 m)

*Die obere Kapelle ist die Nachfolgerin der weiter unten liegenden, jetzt verfallenen Kirche, in deren Mauern überall antike Bauteile zu finden sind. Diese »Spolien« stammen von einem ursprünglich hier gelegenen Dionysos-Tempel.*
Man geht auf der anderen Hügelseite ☑ fünf Meter vor der Straße links den Feldweg hinab und passiert mit Panora-

!! mablick zwei Bauernhäuser (li.). An der *undeutlichen Gabelung* rechts *aufwärts* durch ein Bauernanwesen, dessen chaotische Unordnung möglicherweise etwas Verwunderung auslösen wird.
Oben auf der Straße geht man 30 m nach rechts, bei der folgenden Straßengabel 100 m geradeaus und findet

0.45 rechts einen **Eingang** im Zaun.

*Rechts oberhalb des Zugangs sind der Sockel und einige Säulen-Trommeln eines **Demeter-Tempels** aufzuspüren. Hier wurde eine sitzende Statue ausgegraben, die jetzt im archäologischen Museum von Kós präsentiert wird.*
*Weiter unten sind runde Sitzstufen harmonisch in den Hang eingefügt. Es sind die Reste des hellenistischen **Theaters von Palátia** aus dem 2. Jh. v. Chr. Der schöne Ausblick von damals ist jetzt leider fast gänzlich zugewachsen.*
Wieder zurück an der Gabelung geht man auf der Straße jetzt nach rechts und verlässt sie nach etwa 100 m wieder nach rechts. Das neue Haus bleibt links liegen. Bei der Ga-

belung rechts vom Zaun schlendert man geradeaus in eine sanfte Landschaft hinab, über der eine Phalanx der Moderne rotiert. Aus der landwirtschaftlich genutzten Senke ragen einzelne Bimssteinfelsen heraus. Bei drei Rechtsabzweigungen wandert man geradeaus bis zu einem einsamen, eingezäunten Wohnhaus, das rechts in einem Feld liegt (**P4: N36°43,818'/ E26°56,653'**).

Gegenüber zweigt ein Feldweg rechtwinklig nach links ab. Diesen wandern wir am linken Rand eines Olivenhains

1.05 hinab und erreichen **drei Getreideterrassen**, die wie Kleeblätter vor uns liegen. Von der untersten Terrasse läuft rechts ein Pfad in ein Kiefernwäldchen hinaus (**P5: N36° 43,752'/ E26°56,557'**). Er durchquert eine Senke und kreuzt später einen Fahrweg, auf dem man 200 m rechts abwärts zu großen Feigenbäumen geht. (Von dort aus rechts findet man bei einer Hausruine einen schönen Picknickplatz mit weitem Blick über die Küstenlandschaft.) Von den Feigenbäumen zieht man links hinauf

1.15 zur **Straße** und biegt rechts ab. Auf Asphalt trabt man
1.30 hinab zur **Annastásia-Kapelle**.

Direkt davor nimmt man den Fahrweg nach links hinab, kommt durch ein Gatter und lässt die lange Reihe von Bienenstöcken besser links liegen. Der Fahrweg führt weiter abwärts, macht eine scharfe Linkskurve und führt

1.35 dann nach rechts in den **Talboden** (**P6: N 36°43,123'/ E 26°56,105'**). Talaufwärts liegen versteckt die Ruinen von Wassermühlen; nach rechts führt ein breiter Fahrweg. Wir gehen über dessen verbreitertes Ende und finden genau gegenüber einen schmalen Pfad durch die Kiefern. Wieder im Freien, liegt das Tal rechts. Bei einer Gabelung vor einem Zaun geht es rechts, sofort darauf durch ein Gatter

1.45 und später zu einem **Stall**. Ab dort benutzen wir einen Feldweg. Bei dessen Einmündung in eine breite Sandpiste geht es rechts. Die Piste gabelt sich nach etwa 400 m. Dort

2.05 wandert man nach links hinab zum Strand bei der **Kapelle Ágios Ioánnis Theólogos** ④. Mit hinreißenden Aus-

2.15 blicken wandert man oberhalb des Meeres zur **Taverne.**

OW Auf der Terrasse können wir tief Luft holen, uns von den freundlichen Bedienungen verwöhnen lassen und auf den Sonnenuntergang warten. Im Gegensatz zu den Autofahrern haben wir uns das auch redlich verdient!

**Rückweg:** Zu Fuß braucht man zum Sattel 50 Minuten und nochmals 30 Minuten hinab nach Kamári (s.Plan).

# ㉗ Strandläufer

*Auf dieser dreieinhalbstündigen Wanderung im Sand und auf Feldwegen überquert man zweimal die 1,5 km breite Landenge von Kós, den »Griff« (griech. »Lavi«). Im Sommer gibt es Strandtavernen. Mietwagenfahrer parken beim Busstopp »Paradise Beach«.*
*■ 9 km, Höhenunterschied 45 m, leicht*

**RGZ**

**0.00** Vom **Busstopp** »Paradise Beach« trottet man auf Asphalt seewärts, biegt bei der Gabelung nach links ab und

**0.10** erreicht auf Serpentinen den **Paradise Beach.** Dort wandert man auf dem Sandstreifen ① nach links. Der nächste Abschnitt wird Landakes- oder Banana Beach genannt.

**0.25** Danach folgt der **Markos Beach** mit einer Strandtaverne. Ein Frappé mit Blick auf die schönsten Strände von Kós gefällig? (An ihnen entlang könnte man in fünf Stunden nach Kardámena wandern.)

Von der Taverne führt uns eine ansteigende Straße zur

**0.35** **Hauptstraße.** Links gegenüber – vor einer Villa – setzt sich der Fahrweg fort. Auf ihm überqueren wir ohne abzubiegen einen Höhenrücken (45 m) und wandern abwärts bis zu einer Wegekreuzung (**P1:** N 36°46,217'/ E27°00, 708'). Hier geht man erst rechts und nach 150 m bei einem Bau-

**0.50** ernhof **nach links** abwärts. Zwischen Wacholder- und Mastixsträuchern eilen wir dem Meer entgegen, gehen nach sieben Minuten bei der weiter unten folgenden Gabelung

**1.05** geradeaus und bei der nächsten nach rechts zum **Strand.**

**★** An der wenig besuchten **Hohylaríou-Bucht** ② geht's im

**1.20** Sand nach links weiter bis zum saisonal betriebenen **Strandkiosk.** 50 m danach geht man den Zufahrtsweg aufwärts.

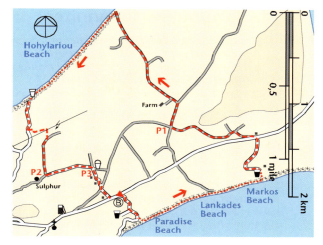

Nach etwa fünf Minuten überquert eine Stromleitung die Straße. Noch *100 m davor* gehen wir eine breitere Abzweigung kurz nach links abwärts und biegen *nach 10 m* in einen schmalen Trampelpfad nach rechts ab. Dieser führt uns links an einem Getreidefeld entlang. Am Ende dieses Feldes – noch *vor* einem hölzernen Strommast – biegt man im rechten Winkel nach rechts ab. Links liegt jetzt ein Kartoffelbeet und rechts weiterhin das Getreidefeld. Geradeaus geht es zu einem Feldweg und auf ihm halbrechts weiter. Weiter oben mündet er in einen quer verlaufenden, breiteren **Feldweg**, den man links geht. (100 Meter rechts kann man etwas Besonderes entdecken: rissige Vulkanfelsen, aus denen Schwefelgeruch aufsteigt (**P2:** N 36°45,899'/ E 26°59,822'). Sie ragen nur etwa einen halben Meter aus dem Schwemmland heraus, das sie erdgeschichtlich »später« umgeben hat).

Der breitere Feldweg, dem man nach links gefolgt ist, wird später rechts von Schilf begleitet. Vor einem erhöht liegenden **Brunnen** (**P3:** N 36°46,013'/ E 27°00,191') stößt er auf einen Querweg, dem man nach rechts folgt.

Nachdem man an einem Bauernhof (re.) entlanggegangen ist, stößt man wiederum auf einen Querweg. Ihm folgt man für 30 m nach rechts und nimmt den Fahrweg nach links zur Hauptstraße. 80 m weiter links steht das **Bushäuschen** oder der Mietwagen.

!! !! 1.35 1.40 1.50

# ㉘ Die Festung der Johanniter

*Die dreistündige Rundtour zeigt die eindrucksvollen Erosionstäler der von Bimsstein geprägten Westhälfte von Kós und führt zur riesigen Festung von Andimáchia, die die Senke dominiert.*
**■ 8 km, Höhenunterschied 145 m, leicht**

| | |
|---|---|
| RGZ 0.00 0.05 | Vom Taxistand von **Kardámena** marschiert man vorbei an Louis' Supermarkt (re.) die Seitenstraße aufwärts. Ganz oben biegt man rechts ein und gelangt zum **Starlight Club.** Dahinter geht man links aufwärts und an zwei Linksabbiegungen vorbei. Die nächste, eine Doppel-Linksabbiegung (**P1:** N36°47,251'/ E27°08,405') wandern wir aufwärts. Erst links, später auch rechts stehen Reihenhäuser. Wir folgen weiter dem Feldweg und sehen bald ein hohes Lagergebäude und links davon eine Kapelle-unser erstes Ziel. An der Hangflanke entlang gehend |
| 0.15 | kommt man zu einem **Blechschuppen.** Dort geht es durch ein Gatter und pfadlos am Rand eines Feldes und eines Olivenhaines zur Kapelle und zur Straße. |
| 0.20 | 100 m weiter links steht ein **Schild** des Europäischen Leader-Programmes, das den aufwärts führende Pfad finanzierte. In Schlangenlinien geht es bergan ① bis zum künstlichen |
| 0.45 | Graben der **Festung Andimáchia** ② (145 m). |

*Sie entstand unter der Herrschaft Byzanz' ab dem 8. Jh. und Venedigs im 13. Jh. Nach 1309 wurde sie von den Johannitern so gut verstärkt, dass 1457 eine osmanische Belagerung von nur 15 Rittern und 300 Einheimischen abgewehrt werden konnte. Nach dem Fall von Rhódos 1523 wurde den Johannitern ein ehrenvoller Abzug gewährt.*

*Es stehen nur noch die Wehrmauern, die Gebäude im Inneren sind nach zwei Erdbeben vor 90 Jahren verfallen.*

Auf der Zufahrtstraße geht es 100 m von der Burg weg und dann nach rechts auf einem schön geschwungenen Feldweg in ein Erosionstal hinab. Unten in der Ebene folgt man kurz einem von links kommenden Feldweg nach rechts und geht 20 m nach der **betonierten Furt** nochmals rechts in einen Traktorweg. Teilweise von einem Wasserrohr begleitet, führt er im Talboden zu einem Gehöft (**P2:** N36°47,783'/ E27°08,243'). Dieses lässt man links liegen, geht den **Feldweg** nach rechts aufwärts. Der freche Zaun um ein Haus muss links umgangen werden. Dahinter führt der jetzt undeutliche Feldweg zum hohen **Lagergebäude** wieder auf die Straße. Diese geht man fünf Minuten nach links abwärts und biegt in eine andere Straße nach rechts ab. Nach zwei großen Bootshallen kommt rechts ein Reihenhaus. Gegenüber führt ein Trampelpfad abwärts, über ein Sträßchen bis zu einem Pool an der **Hauptstraße** in Kardámena.

1.05
1.15
1.25
1.40

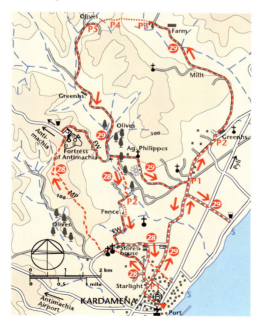

## ㉙ Arizona

*Die eindrucksvolle, vierstündige Rundwanderung führt von Kardámena durch zwei unberührte Täler, die mit ihren bizarren Felsformationen an Arizona erinnern. Ohne Einkehrmöglichkeiten oder Brunnen verläuft sie größtenteils auf Feldwegen und eine Viertelstunde lang pfadlos, aber ohne Orientierungsprobleme.*
*Mit einem Leihwagen oder Taxi könnte man abkürzen und bis zu RGZ 0.25/P1 fahren.*
■ *19 km, Höhenuntersch. 100 m, leicht bis moderat*

▷ *Karte siehe vorige Seite*

| RGZ 0.00 | Vom Taxistand am Verkehrsmittelpunkt von **Kardámena** aus nimmt man links vom **Kaufhaus »Louis«** die leicht ansteigende Odos Thymatou und wendet sich oben nach |
|---|---|
| 0.05 | rechts. Am »**Starlight Club**« (li.) vorbei führt uns ein mit Eukalyptusbäumen gesäumtes Sträßchen dorfauswärts. |
| 0.15 | Über die Kreuzung beim **Friedhof** (li.) hinweg und kurz danach durch einen Graben geht es auf die Berge zu. Eine |
| 0.25 | schräg verlaufende Straße wird **überquert** – hier könnten Leihwagenfahrer das Auto stehen lassen (**P1:** N 36° 47,904'/ E 27°08,749'). |
| 0.35 | Kurz danach stehen links eine Kapelle in der Landschaft und mehrere Gebäude an der Straße. Bei der **Straßengabelung** vor einem Zaun (**P2:** N 36°48,280'/ E 27°09,057') wendet man sich nach links. Kurz darauf, bei einem großen Gewächshaus (re.), verlässt man den Asphalt und biegt nach rechts in einen Feldweg ab. Auch er führt auf |

0.45   die Berge zu und steigt später leicht an. Vom **Hügel-rücken** aus sieht man in das nächste Tal, das im Hintergrund von Felswänden eingerahmt ist. Ein Bild wie aus einem Western.

0.50   Man steigt hinab und übergeht bei den **Bunkern** eine Linksabzweigung, die zu einer Kapelle führt. Nachdem man einen großen Bauernhof (re.) passiert hat, sieht man 200 m später links einen einzelnen Schuppen ① stehen,

1.00   zu dem man auf nach **links abzweigenden** Fahrspuren gelangt. Kurz danach durchquert man einen Graben (**P3:** N 36°49,188′/ E 27°08,476′). Rechts oberhalb eines weiteren Grabens zieht man pfadlos leicht bergan in Richtung der Hügelkette. Vor einer grauen sandigen Geländefurche

1.10   steigt man etwas steiler nach links zum **Sattel** (**P4:** N 36°49,204′/ E 27°08,113′,105 m) hinauf. Von dort blickt man beim Picknick in die grüne Senke zurück und erkennt in der Ferne die türkische Halbinsel Resadyie. Weiterhin pfadlos geht es auf der anderen Seite auf eine Olivenplantage zu, jedoch 100 m davor nach links durch einen Graben und dann in Richtung des linken Randes

1.15   der Plantage. So stößt man auf einen **Fahrweg** (**P5:** N 36°49,198′/ E 27°07,953′), geht nach rechts abwärts und dann talauswärts. 200 m nach einer Tränke erblickt man von einer Kuppe aus oben am Talrand die Festung An-

1.30   dimáchia ②. Bei einer **Gabelung** geht es in scharfem Winkel nach links und an riesigen Gewächshäusern (re.) vorbei. Später, kurz nach der Einmündung eines Fahrweges

1.50   von rechts, überschreitet man ein **betoniertes Wehr.** Dies ist der Punkt/RGZ 1.05 von Wanderung 28. Wer direkt nach Kardámena möchte, folgt ab hier der Beschreibung auf Seite 107.

Will man zum Leihwagen zurück oder doch noch ins Wasser hüpfen, geht man hier geradeaus aufwärts und erst an der Philippos-Kapelle (li.), dann an einer verfallenen Windmühle (re.) vorbei. Später bei einer Tränke (li.)

2.05   dann geradeaus bis zur »schrägen« **Kreuzung** (**P1:** N 36° 47,904′/ E 27°08,749′), wo der Leihwagen wartet. Oder von dort nach rechts und auf der ersten Straße nach links dem Meer entgegen.

# ③⓪ Die Schildkröten von Paléo Pilí

*Wer auf dieser vier bis fünfstündigen Wanderung keiner Schildkröte begegnet, hat nicht aufgepasst, denn auf der Hochebene treiben sich etliche dieser langsamen Tiere herum. Wir sind schneller, besteigen auch eine Burgruine und kommen am Geisterdorf Paléo Pilí vorbei. Die Orientierung auf den Pfaden ist jedoch nicht ganz einfach. Neben ein paar Lokalen in Amanioú gibt es zwei Brunnen an der Strecke.*

■ *7 km, Höhenunterschied 235 m, mittelschwer*

RGZ  Wenn man mit dem Bus im *oberen* Teil (Ágios Nikolaos, 85 m) von **Pilí** angekommen ist, füllt man die Wasserflasche am 500 Jahre alten Dorfbrunnen, 100 m außerhalb.

0.00  Von der **Platía**, des ursprünglich gebliebenen Ortes geht es dann auf der Straße aufwärts Richtung Kardámena. Nach

0.04  300 m folgt man dem **Schild** zum »Heróon of Charmy-

0.07  los« nach links und geht beim **zweiten Schild** *geradeaus. Der Abstecher nach links hinab zum so genannten **Grab des Charmylos**, eines mythischen Helden, ist nicht unbedingt ein »Muss«. Das nüchterne Tonnengewölbe mit je sechs seitlichen Grabnischen wurde mehrmals überbaut, zuletzt mit einer Kapelle, in deren Wänden antike Bauteile früherer Gebäude stecken.*

!!  Ab dem »zweiten Schild« geht es abwärts und *zwei Meter* vor der Straßengabelung weiter unten (① **P1**: N36° 50,491'/ E27°09,801') nach rechts auf einem Trampelpfad

0.10  in einem **Graben** entlang und nach 30 m aufwärts. Im offenen Gelände wandert man auf einem Trampelpfad

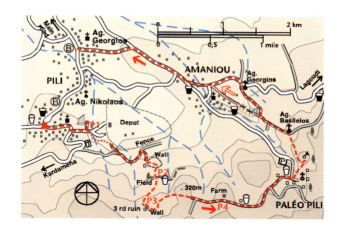

halblinks aufwärts zu einem breiten Fahrweg, dem man
0.15  nach rechts steil bergan folgt. Von der **Kuppe** aus sieht
man in 200 m Luftlinie auf dem nächsten Hügel ein verfallenes Haus – das nächste Ziel. Links im Tal liegt ein Mi-
litärdepot – keine geeignete Stelle für Ferienfotos.

Man steigt in die Senke hinab und geht unten auf dem
0.20  **Fahrweg** etwa 60 m nach links. Auf einem nach rechts
abzweigenden Fahrweg kommt man hinauf zu dem verfallenen Haus. Dahinter liegt ein ebenes Feld, in dessen
hinterem Teil – beim Stumpf eines Olivenbaumes – rechts
0.25  ein **Durchlass** (**P2:** N36°50,310'/ E27°10,225') durch die
Mauer zu finden ist. Dort beginnt ein von Kermes-Eichen-
0.30  büschen gesäumter Fußweg hinauf zur **zweiten Ruine** ②
mit einigen Olivenbäumen. Diese lässt man rechts liegen
und geht im Rechtsbogen, links von der Mauer, durch fel-
siges Gelände weiterhin aufwärts zu einem Plateau mit ei-
0.40  ner **dritten Ruine** (**P3:** N36°50,070'/ E27°10,112', 255 m).
Sie bleibt 50 m rechts vom Weg, der anfangs links neben
einer Wiese verläuft und weiter oben vor den Felsbrocken
eine weite Linkskurve beschreibt ③. Bald findet sich ein
komfortabler Ziegenpfad. Rechts oberhalb lugt aus einem
Geländeeinschnitt kurz die Georgskapelle hervor. Im
Meer liegen Kálymnos und rechts davon Psérimos. An der
koischen Küste die frühere Salzsaline, die jetzt Vogel-
schutzgebiet ist. Der Antennenberg ist, wie so oft, dem
Propheten Elias geweiht.

0.45 Oben beginnt ein **Feldweg** (320 m), dem man nach links
1.00 folgt. Vorbei an einem **Gehöft** (li.) (**P4:** N36°50,071'/
E27°10,626') und (wahrscheinlich) ein paar Schildkröten
kommt man zu einer Tränke. Von hier sind die Ruinen der
alten Burg auszumachen ④. Bei der Gabelung wandert
man geradeaus und dann abwärts durch die Reste des
1.15 Dorfes **Paléo Pilí** (Alt-Pilí). Die versteckte Lage im Gebirge
schützte zwar vor Seeräubern, nicht aber vor Krankheiten.
1830 wurde der Ort wegen Cholera verlassen. Beim Aufstieg durch die Mauerreste passiert man eine Marienkapelle mit vernachlässigten Fresken.

1.25 Von der byzantinischen, später johannitischen **Burgruine** aus dem 12. Jh. genießt man zusammen mit den Miet-
wagenfahrern das Panorama der Nordküste.

!! Beim Abstieg verlässt man *50 m oberhalb* des Parkplatzes
den Weg nach rechts und gelangt auf einem schönen al-
1.35 ten Pflasterweg zur **Kapelle Ágios Basileios.** Unterhalb
des schattigen Sitzplatzes führt ein Feldweg abwärts. Bei
der Gabelung nach 100 m geht es rechts. Kurz später sieht
man links ein Gatter. (Man kann hier auf dem Fahrweg
weiterhin geradeaus abwärts gehen und landet unten bei
einer Kapelle an der Straße. Dies ist der einfachere Weg.)
Hinter dem erwähnten Gatter steht ein Schuppen, an
dem man rechts vorbei geht. Einige Meter links befindet
sich der alte zugewachsene Weg, den man als Führungsli-
nie nimmt und immer pfadlos rechts davon bleibt. Durch
Olivenhaine hindurch gelangt man auf einen Fahrweg.
Vorbei an einem Reiterhof (li.) erreicht man auf ihm die
1.55 Straße und geht links nach **Amanioú.** Da das Gelände
links militärisches Sperrgebiet ist, kommt man nur auf der
2.10 Straße zurück nach **Pilí** (unterer Ortsteil Ágios Geórgios).

# ㉛ Der Gipfel

*Diese vierstündige Besteigung des Díkeos ist selbst
für reine Badetouristen ein Muss. Da plötzlicher
Nebel zum Problem werden kann, sollte man einen
klaren Tag für diese Tour wählen. Und das Wasser
nicht vergessen!*
*Der nicht übermäßig steile Aufstieg durch Kiefern-
wald ist gut markiert. Höhenängstliche könnten
allenfalls bei einer kurzen Passage unterhalb des
Gipfels Probleme haben.*
■ *8 km, Höhenunterschied 560 m, mittelschwer*

RGZ  Das sehr schön im Bergwald gelegene Dörfchen **Zía**
(285 m) enttäuscht den Ankommenden im ersten Mo-
ment, da sich ein Laden an den anderen reiht. Im höher
gelegenen Teil findet man jedoch hübsche Häuser und
Gässchen.

0.00  Direkt rechts vom Nussbaum am **Busstop** beginnt eine
Gasse, die man hinaufgeht und nach wenigen Metern die
Verkaufsbuden hinter sich lässt. Vorbei an einer Wasser-
mühle (li.) geht man über eine Lokalterrasse bis zur höher
liegenden Kirche. Davor geht man rechts und aufwärts.
An der Gabelung nochmals rechts und dann den »Way to
the Mountain« nach links aufwärts, vorbei an der witzigen Taverne »Zia« (re.). Später begleiten uns blaue Punkte
die Betonstraße aufwärts.

0.10  Direkt nach einem Haus mit großem Vordach (re.) biegt
man in einen **Betonweg** nach rechts aufwärts ein und
läuft danach angenehm im Schatten von Kiefern. 50 m

0.15  nach einer Kapelle (re.) ① ist links in der Kurve ein **Gatter,**

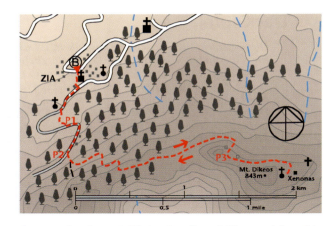

das man durchquert. Hinter dem Zaun hält man sich rechts und geht aufwärts. Der Gipfel ist von hier noch nicht zu sehen. Auf einem schönen alten Felsenweg erreicht man wie-

0.20
0.25 der die **Sandstraße** (**P1:** N36°50,353'/ E27°12,117'), geht links aufwärts und sieht bald ein kleines **Bauernhaus** (li.). Nach einem weiteren Haus geht es noch 300 m mit Kieferngeruch in der Nase dahin, bis vor einer Rechtskurve links

0.30 ein roter **Blechpfeil** (**P2:** N36°50,082/ E27°11,885') den Beginn des Aufstiegs durch den Wald anzeigt.

!! Bei der *Gabelung nach 50 m* geht man *links* und folgt dem Serpentinenweg durch den Wald. Wieder im Freien kommt man oben nach einer Rechtskurve durch eine

1.00 Scharte und dann auf einen **Vorberg** (**P3:** N36°49,871'/ E27°12,057'/ 730 m). Von hier blickt man auf die andere Inselseite und auf den alten Fischerhafen Kardámena, der sich so sehr dem Tourismus ergeben hat.

Wir folgen den Markierungen nach links, nur noch leicht ansteigend, in einen Sattel. Das Ziel im Visier geht es

1.15 zunächst abwärts und dann hinauf zur **Gipfelkapelle** ② mit prachtvollem Blick über die sanfte Nordseite und die schroffe Südküste von Kós, umgeben von vielen Inseln des Dodekánes und der schmalen türkischen Halbinsel Resadiye. Dafür spendet man gerne eine Gipfelkerze. Die Koer lieben es, hier oben zu feiern. Ein Xenonas, ein Gästehaus, bietet Übernachtungsmöglichkeit und Schutz bei schlechtem Wetter.

2.25 Zurück nach **Zía** gelangt man auf demselben Weg.

*Falls man sich beim Souvenirkauf in Zía nicht allzu sehr beladen hat, kann man mit prächtiger Aussicht in fünf Stunden auf der Straße und auf Fahrwegen zu den berühmten Ausgrabungen des Asklepieions hinabwandern. Die Orientierung ist einfach. Man kommt durch zwei verlassene Ortschaften, in denen es aber keine Brunnen gibt.*

■ *13 km, Höhenuntersch. 270 m, moderat bis schwer*

RGZ 0.00 — Am Ende der Einkaufsmeile von **Zía** (285 m) wandert man an der **Taverne** »Ayli« (li.) vorbei aus dem Dorf hinaus. Nach 400 m unter Kiefern lässt man den Busparkplatz links liegen und geht nach rechts auf der Straße weiter.

!! — Nach weiteren 250 m – *100 m vor der Abzweigung* – steigt man links in den Wald hinab zu einer kleinen

0.07 — **Steinbrücke** (**P1**: N36°50,898'/ E27°12,289') und nimmt

0.10 — ab dort den Fußweg nach **Asómatos**, einem Ortsteil von Asfendíou. Der Ort ist verfallen und fast verlassen; an der Küste kann man eben leichter Geld verdienen. Einzelne Häuser wurden von Ausländern restauriert. Links von der Georgskirche gelangt man auf einem Steinweg aufwärts

0.15 — und kommt, sich leicht rechts haltend, wieder zur **Straße** und geht links. Auf der nächsten Anhöhe überquert man unterhalb des Friedhofes (re.) eine Kreuzung.

Die Straße führt fast eben weiter und bietet einen schönen Blick über Olivenhaine und Meer. Die Linksabzweigung eines Feldweges beachtet man nicht, muss dann

!! — aber nach etwa acht Minuten aufpassen, dass man den

0.30 — nach *links abwärts führenden* **Fußpfad** (**P2**: N36°51,172'/

E27°13,654') nicht übersieht. Er beginnt bei einem Wasserdurchlass und wird nach ein paar Metern von einem Felsbrocken verengt.

Hier kann man in fünf Minuten ins Geisterdorf **Ágios Dimítrios** hinabsteigen. Die Kirche ist abgeschlossen, lediglich der Blick vom Vorraum ins Innere zeigt alte Wandmalereien.

Bleibt man auf der ab jetzt abfallenden Straße, folgt nach vier Minuten, nach einem Wasserdurchlass in einer scharfen

0.35 Linkskurve, eine breite **Sandstraße** nach rechts aufwärts.

*Alternative:* Auf der Straße kommt man in 1,25 Std. RGZ ebenfalls zum Asklepieion.

Der kurz darauf nach rechts abzweigende Weg wird nicht beachtet, bei der folgenden Gabelung geht es horizontal nach links. Nach 200 m durchquert

0.45 man einen **Graben** und zieht danach im Zickzack durch einen Kiefernwald

0.50 hinauf zu einem breiten **Fahrweg** und sieht auf die Stadt Kós (**P3:** N 36°51,231'/ E 27°14,400', 350 m). Hier wandert man nach links, bleibt in der Rechtskurve und zieht abwärts, einem Landwirtschaftsbetrieb entgegen. Noch davor liegt eine Kreuzung, bei der man nach rechts aufwärts geht, um die winzige Grottenkapelle Panagía Melóu ⛪ zu suchen.

Pfadlos steigt man von dort zum darunter verlaufenden Fahrweg hinab, wendet sich nach rechts und geht dann aufwärts. Auf der ersten Anhöhe stehen riesige Platanen, dann machen Schwefelgerüche darauf aufmerksam, wie dünn die Erdkruste auf Kós ist. Blubbernd kommt gelbliches Schwefelwasser aus dem Untergrund.

Durch leeres, wildes Land zieht man bergan. Eine Quelle

1.20 mit verlassener Kapelle liegt am Wegrand (**P4:** N 36°51, 361'/ E27°15,243'). Nachdem man den markanten **Felsen** (links, 335 m) und einen einzelnen Baum am Wegrand passiert hat, wird die Gegend wieder freundlicher, man blickt auf die türkische Halbinsel Bodrum. In einem Rechtsbogen ② geht es um einen Hügel herum bis mehrere Schläuche auf dem Weg liegen: Rechts oben liefert eine Quelle unter Bäumen seit Urzeiten Wasser (**P5:** N 36°51, 489'/ E27°15,724').

Bei den Schläuchen verlässt man den Fahrweg spitzwinkelig von der bisherigen Laufrichtung nach links abwärts ②. Zuerst passiert man ein verknotetes Gittertor und zieht hinab in die Senke. Vor dem Zaun über den militärischen Unterständen wendet man sich nach rechts und passiert ein breites Gittertor.

Rechts am folgenden Zaun entlang gehend, nimmt man den Felsenhügel als Ziel. Davor liegt nochmals ein Zaun. Vor diesem geht man nach rechts abwärts bis zu einer Öffnung im Zaun oder noch weiter zum breiten Gatter (**P6:** N 36°51,729'/ E 27°15,664'), das direkt unter einer Felsengruppe liegt. Wenn es wieder zugeknotet ist, geht es weg-
1.45 los im Linksbogen um den Hügel herum, bis man den abwärts verlaufenden **Fahrweg** bergab wandert.

2.00 Vor dem Kiefernwald weiter unten nimmt man den querenden **Feldweg** nach rechts. Später kann man eine weite Kurve pfadlos bergab abkürzen. Bei der Gabelung im Fla-
2.10 chen wandert man nach rechts, durchschreitet später das Feld nach links zum Parkplatz des **Asklepieion** (**P7:** N36°52,593'/ E27°15,521').

*Dieses »Kursanatorium« war Asklepios (röm. Äskulap), dem Gott der Heilkunst und Sohn Apollons, geweiht. Es war das bedeutendste der mehr als 300 Asklepios-Heiligtümer Griechenlands. Schon die Lage ist umwerfend, obwohl die Sicht auf das Festland mittlerweile fast zugewachsen ist. Erbaut wurde es ab dem 3.Jh.v.Chr., die Erweiterungen stammen aus hellenistischer und römischer Zeit. Unten bildeten Wandelhallen den Empfang der illustren Kurgäste. Auf der mittleren Terrasse stand der Altar als ältestes Gebäude, auf der obersten ein Tempel.*

*Nach der Zerstörung durch ein Erdbeben geriet das Heiligtum in Vergessenheit und wurde erst vor 100 Jahren vom deutschen Archäologen Rudolf Herzog wieder ausgegraben.*
Von hier aus fährt ein Bähnchen in die Stadt.

# Chálki

Die Einfahrt in den Hafen bietet eine Kulisse, die zu den schönsten Griechenlands gehört. Die respektablen Kaufmannshäuser sind liebevoll als Ferienquartiere restauriert worden und werden vornehmlich direkt an Besucher aus Großbritannien vermietet. Die Insel setzt auf gehobenen und geruhsamen Fremdenverkehr für ein reiferes Publikum. Privatquartiere gibt es sehr wenig.

Zum Wandern auf der ziemlich kargen Insel kann man eine Karte des Anavasi-Verlages kaufen.

## ㉝ Die grüne Seite

*Die kahle Landschaft oberhalb des malerischen Empório lässt kaum vermuten, dass die Insel auch grüne Flecken hat. Wir wollen ein paar entdecken, in einem Seitental und auf der Inselaußenseite. Um dorthin zu gelangen, brauchen wir zweieinhalb Stunden Zeit, eine Wasserflasche, Proviant und Badezeug.*

■ *5 km, Höhenunterschied 125 m, leicht bis moderat*

RGZ 0.00 Auf der Nordseite des Hafens von **Empório** erhebt sich der filigrane Turm der **Nikolauskirche.** Am hinteren Ausgang des Kirchhofes mit wunderbarem Kieselbelag springt man leichtfüßig die vier Stufen hinauf, geht nach rechts in die Gasse und bei der Gabelung links, dann nochmals links. Man kommt an der Pension »Captain's House« vorbei und quert eine Straße. Oben am Ortsrand sieht man später ganz rechts eine zweigeschossige Hausruine, die man auf kleinen Umwegen erreicht.

0.05 Rechts der Ruine gibt ein **Gatter** ein Monopáti frei, das uns links von einer Mauer aufwärts in die steinige Natur führt ①. Nach einem Rechtsbogen läuft man auf die Ruine der Kyriakí-Kapelle zu, biegt aber 250 m vorher, am Ende der Mauer rechter Hand, nach links aufwärts ab. Dort

0.10 liegt links eine halbhohe **Zisterne.** Man durchschreitet ei-
0.15 nen Sattel, überquert einen **Feldweg,** kommt unten
0.20 durch einen Olivenhain und dann zur **Betonstraße.**

Diese geht man bequem 300 m abwärts bis kurz vor ein dichtes Kieferngehölz. Hier öffnet man geschickt das

0.25 **Doppelgatter** neben der Zisterne und folgt dem Feldweg, der die Bäume rechts liegen lässt. Beim Gehen versucht man, oben am Hang eine Höhle auszumachen ②. Am

0.30 **Ende der Linkskurve (P1:** N 36°14,027'/ E 27°36,789') verlässt man den Weg nach rechts und klettert über Steinterrassen aufwärts immer in Richtung Höhle. Unterhalb

0.35 davon durchschreitet man eine abenteuerliche **Durchgangstür** aus einem Bettmatratzenrost und wendet sich dann nach rechts.

Nun geht es etwa 70 m fast eben dahin und dann vor der Verrammelung auf einem markierten schmalen Pfad nach

0.45 links aufwärts in die Felsen. Oben im **Sattel** (125 m) liegen verlassene Felder, deren Bearbeitung sich schon lange nicht mehr lohnt- in der Antike stand hier jedoch ein Tempel. Beim Weitergehen sieht man unterhalb Wachol-

0.50 derbüsche. Diese schöne grüne Gegend heißt »Pefkia«, was »Kiefern« bedeutet. Davon gibt es allerdings nicht mehr viele, obwohl hier häufig Regen fällt.

Zurück nimmt man denselben Pfad, wendet sich nach
1.05 der **Matratzentür** aber nach links abwärts, tut es den Ziegen gleich und steigt über Feldterrassen hinab zur Straße und
1.20 zum **Strand von Kaniá.** »Strand« ist etwas hochgegriffen, aber zum Reinhüpfen reicht's.

25 m vor der Bootstankstelle wandert man anschließend auf einem Betonweg nach rechts am Meer entlang zur **Fisch-**
1.25 **farm.**

*Hier sieht man, wie das Problem der Überfischung des Mittelmeeres gelöst werden soll: Setzlinge samt Futter werden aus Italien hergeschafft, zu Brassen hochgefüttert und dann großenteils wieder zurückgeschickt.*
Etwa 40 m vor der Halle nimmt man einen Trampelpfad nach rechts, umläuft die Anlage zwischen spitzen Felsen, kommt durch ein Gatter und geht noch ein kleines Stück direkt am Meer entlang. Nach einer niedrigen Felsenkante wendet man sich rechts aufwärts und gelangt auf einem
1.40 schmalen Trampelpfad in einen weiten **Sattel.** Dort genießt man erst einmal das wunderschöne Panorama des Hafens mit dem Kastroberg. Schnell ist man danach wie-
1.50 der in **Empório** und sucht sich einen schönen Tisch am Hafen. Heute liest man die Speisekarte mit besonderem Interesse. Sind Brassen drauf?

# ③④ Verblasste Fresken

*Diese sechs- bis siebenstündige, teilweise markierte Wanderung führt zu zwei mittelalterlichen Schutzsiedlungen. Zu sehen gibt es verlassene Dörfer, eine Burgruine und verblasste Fresken in uralten Kapellen.*

■ *13 km, Höhenunterschied 445 m, schwer*

RGZ 0.00 Am **Anlegeplatz von Empório** ziehen wir die Straße aufwärts, an der Schule vorbei und auf dem »Blvd. Tarpon Spring« (Ort in Florida, wohin viele einheimische Schwammtaucher ausgewandert sind) zum Strand von

0.10 **Póndamos**. Danach steigt die Straße an und fordert einige Kraft. Man wird vom Inseltaxi überholt – jetzt keine Schwäche zeigen! Die ersten Zielpunkte liegen vor uns: links oben die Burg, rechts am Berg das Taxiárchis-Kloster inmitten von Gärten.

0.20 Links vom Weg kommt eine **Kapelle**, später ein Weg-
0.25 kreuz. 100 m nach diesem Kreuz öffnet man das **Gatter** links oberhalb und benutzt den schotterigen Weg direkt
0.40 oberhalb des Zauns. Er endet bei einer **Tür** an der Straße. Dieser folgt man aufwärts durch zwei Kurven und findet nach vier Minuten links aufwärts den Fußpfad nach
0.50 **Chorió**. Der Ort ist seit dem Krieg verlassen. Erst seit kurzem sieht man wieder instandgesetzte Häuser, oft im Besitz von Auslandsgriechen.

Wer den grandiosen Ausblick von der Burgruine genießen will, steigt zuerst zur größeren Kirche hinauf, nimmt im Kirchhof rechts die Tür und geht nach links auf steilem Pfad aufwärts. Beim Eingang einer kleinen Tonnengewöl-

bekapelle auf halbem Weg kann man deutlich die Mauer-
quader der hellenistischen Akropolis erkennen, die lange
vor der Johanniterburg den Hügel beherrschte. Auch die
freskengeschmückte Marienkapelle selbst ist uralt (890 n.
Chr., restauriert 1971).

1.05 Die **Burg** aus dem 14. Jh. betritt man durch den Zwinger,
den allseitig umschlossenen Zutrittsbereich. In der Burg-
kirche warten völlig ungeschützte Fresken auf eine bessere
Zukunft. Das Schönste an der Burg ist aber der weite Blick
über das Meer.

1.15 Wenn man wieder unten an der **Straße** ist, nimmt man
links von der Friedhofsmauer (mit antiken Bauteilen) den
alten Weg durch ein Gatter und geht unterhalb der Straße
aufwärts, bis man auf der gepflasterten Straße an einer in-
1.25 teressanten **Felskapelle** im Sattel (255 m) vorbeikommt.
Sofort nach dem Felsen führt ein Betonweg rechts zur Kirche **Ágios Leftérios** hinab. Hinter der größeren weißen
Kirche versteckt sich ein zweites uraltes Kirchlein mit alten Heiligenbildnissen, deren Gesichter wohl zur islami-
schen Zeit zerkratzt worden sind. Um den vollkommenen
Verfall zu verhindern, hat man sie mit Gaze geschützt.
Hinter der Kirche zeigen die Markierungen erst durch den
!! Zaun, dann *links aufwärts*, nochmals durch einen Zaun
1.45 und im Rechtsbogen zum **Moní Taxiárchis**, dem Kloster
der Erzengel (310 m). Auch hier ist die interessantere Kirche die kleinere mit ihren Fresken. Am meisten freuen
den diesseitigen Genussmenschen hier oben aber der
wunderbare Picknickplatz ⊡ mit Blick nach Rhódos.
Wenn alles genossen ist, wandert man den ebenen Beton-
1.55 weg nach Westen zur **Straße** und wendet sich dort rechts
aufwärts. (Falls man hier umkehrt, kürzt man zwei Stunden ab.) Nach zwölf Minuten sieht man rechts einen
Durchgang im Zaun – für später! Die langsam ansteigende, überbreite Straße wirkt etwas entmutigend, aber man
kann dafür das Auge mit dem Blick ins anmutige Hochtal
mit den steinumlegten Feldern entschädigen.
Im Sattel (440 m) rechts unterhalb des Profitis Elias stehen
2.15 ein **Windmühlenstumpf** und eine kleine Feldkapelle.
Die Straße führt von hier aus zum Kloster Ágios Ioánnou.
Wir aber gehen den Fahrweg nach rechts und kommen
zur verlassenen Siedlung **Kílla**. Sie ist hellenistischen Ursprungs, war später ein Außendorf für Hirten aus Chorió
und wurde nach der Türkenzeit verlassen. Neben helleni-

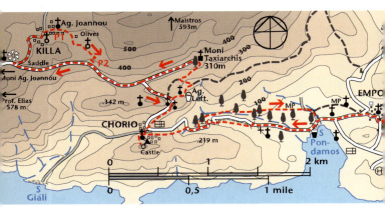

stischen Bauresten sind in der Kirchenruine aus Quadersteinen in der Apsis ebenfalls Freskenreste zu finden. Wenn man zwischen den Ruinen umhergeht und der Wind dazu pfeift, wird man von einem Gefühl der Endlichkeit ergriffen, verstärkt noch durch den Aasgeruch der Drachenwurz-Blüten. Die neuere Kirche **Ágios Ioánniou** ☑ auf einer verträumten Terrasse ist leider verschlossen (**P1:** N 36°13,853'/ 27°34,526').

**2.25**

Der Rückweg führt durch die mit Olivenbäumen bestandene Senke, hinter der das Meer glitzert. Wer in der Kapellenruine am Weg nochmals verblasste Fresken erwartet, wird enttäuscht – allenfalls springen aufgeschreckte Ziegen heraus. Der alte Pfad zum Meer ist von oben aus leicht zu finden und man landet schnell weiter unten auf der **Straße** (**P2:** N 36°13,663'/ 27°34,710'), der man nach links abwärts folgt.

**2.40**

Unterhalb von Chorió – nach einer Rechtskurve – findet man *links blau-rote Markierungen,* die einen Pfad anzeigen, der, an einer Ölpresse vorbei, im Talbett verläuft und am Strand von **Póndamos** endet. Dort gibt's nur zwei Möglichkeiten: Baden oder Nick's Taverne.

**!!**

**3.45**

▷ »Captain's House« (Tel. 22460-45201) und »Kleánthi« (Tel. 22460-45334) bieten **Übernachtungsmöglichkeiten.**

# Kássos

Obwohl Kássos nur vier Kilometer von Kárpathos entfernt ist, wird es von ausländischen Gästen kaum besucht. Die übergroße Hafenanlage lässt auch nicht gerade eine Inselidylle erwarten. Diese findet man eher im daneben liegenden alten Fischerhafen Boúka oder an der früheren Anlegestelle in Emborió. Dort trifft man auch auf ausgesprochen liebenswürdige Insulaner, die einen bald heimisch werden lassen. Allerdings ist das Zimmerangebot spärlich.

Die Landschaft ist fast baumlos und ziemlich kahl, da es wenig Quellen gibt. Obwohl viele Wege mittlerweile asphaltiert sind, findet man zum Wandern noch einige Monopátia und schmale Feldwege. Auffallend stark sind die Winde in den Bergen, die einem manchmal den Atem stocken lassen.

## ㉟ Das Massaker von Kássos

*Die Rundtour von vier Stunden führt zu einem antiken Höhlenheiligtum und zur weiten Nordküste, dem Schauplatz einer geschichtlichen Tragödie. Anfang und Ende verlaufen auf wenig befahrenen Straßen. Eine Einkehrmöglichkeit gibt es in Agía Marína.*

■ *12 km, Höhenuntersch. 110 m, leicht bis moderat*

RGZ
0.00

Vom kleinen malerischen **Fischerhafen Boúka** nimmt man die in die Ortschaft hinaufführende Straße, lässt Rathaus und Antenne rechts liegen und biegt in die querende Straße nach links ein und hält sich bei deren Gabelung rechts. Ehrfürchtig geht man später rechts an den beiden

| 0.05 | **weißen Herren** vorbei und auf der rechten Fahrspur weiter. |
| | Bei der Rechtsabbiegung der schmalen Straße läuft man |
| 0.10 | geradeaus auf den alten Fußweg, der am **Friedhof** entlang |

0.05    **weißen Herren** vorbei und auf der rechten Fahrspur weiter. Bei der Rechtsabbiegung der schmalen Straße läuft man

0.10    geradeaus auf den alten Fußweg, der am **Friedhof** entlang aufwärts zieht. Danach führt uns ein schmales Sträßchen, rechts an einer Kirche vorbei, ins Dorf **Agía Marína.** Hier

0.20    geht es weiter aufwärts und oben beim **Freiluftcafé** (noch *vor* der zweiten großen Kirche) auf der größeren Straße nach links hinab. In einem weiten Linksbogen umläuft man einen Olivengarten (li.) und kommt im Ortsteil Kathistres zu einer gekonnt restaurierten Windmühle (li.). 50 m danach geht es beim Verkehrsschild nach rechts.

0.30    Bald sehen wir rechts die **Fanoúrius-Kirche** und einen Windmühlen-Torso.

Danach geht's leicht abwärts und bei zwei Rechtsabzwei-

0.35    gungen geradeaus. Der **Beton endet** und man stapft auf Sand weiter, sieht rechts das Meer und geradeaus zwei Wege ⊡: den neuen Plattenweg links hinauf zur Höhle und einen nach rechts weiter zum Meer.

Zuerst wendet man sich nach *links* und zieht zwischen zwei neuen Feldmauern aufwärts. Auf einem kurios geschwungenen, aufwändigen Pflasterweg (mit Beleuchtung!) kommt man zur Eingangstür. Falls sie versperrt ist, könnte man weiter oben über die Mauer klettern, um zum Höhleneingang zu gelangen ⊡ (**P1:** N35°24,165'/ E26° 54,241').

0.45    *Die **Höhle Ellinikokamára** war immer schon Versteck und Kultstätte. Von den Dorern wurde sie zur See hin mit Riesenquadern verschlossen. Eher lohnend ist der Blick übers Meer.*

Auf demselben Weg wandert man zurück und unten

0.55    scharf links. Ein schmaler Karrenweg führt zu einem **Zie-**

**genpferch** in einer Geländerinne, wo man ein Gatter passiert. Der Weg wird zum Pfad, der bald an der **Grottenkapelle Ágios Mínas** (re.) vorbeiführt. Auch dieser unterirdische Raum ist eindrucksvoll.

1.00

Hinter dem neu angelegten Garten führt links vom Zaun ein undeutlicher Pfad weiter. Nach zwei weiteren Gräben verläuft er oberhalb von ummauerten Terrassen (**P2:** N 35°24,028'/ E26°53,825'; 80 m). Im nächsten Graben sieht man links oben zwei **Pumpenhäuschen** sowie das Ende der Stromleitung.

1.10

Kurz danach gibt es wieder einen Fahrweg, der uns leicht bergab führt, zwei Linksabzweigungen werden dabei übergangen. Man genießt den weiten Blick über die Küste, die von einer Kapelle behütet wird ③. Nach einem Gatter *vor* einem Graben schlendert man auf Serpentinen zum **Meer** hinunter. Hier gibt es weite Kiesstrände, die man sich ehrlich verdient hat.

!!
1.25

> *Das **Denkmal** am Parkplatz erinnert an den dunkelsten Abschnitt der Inselgeschichte. Hier landeten während des griechischen Freiheitskrieges 1824 ägyptische Truppen und richteten ein fürchterliches Blutbad mit 1000 Toten an. Die Überlebenden wurden versklavt und für zehn Jahre ins damals osmanische Ägypten verschleppt. Einige der Nachfahren kehrten erst in den 1950er Jahren zurück.*

Wenn man die Strände ausgiebig genossen hat, wandert man auf der Straße zur Kapelle **Ágios Konstantínos.** Auf der Plattform und im Nebengebäude werden die Utensilien für das Kirchweihfest aufbewahrt. Von hier trottet man auf Asphalt am Flugplatz vorbei und läuft wieder im **Fischerhafen von Fry** ein ④.

1.40

2.25

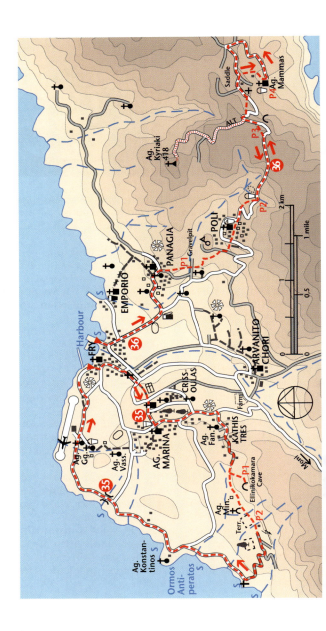

# 36 Das himmlische Kloster

*Hoch über der Steilküste der Südseite steht ein verlassenes Nonnenkloster. Früher war es nur auf Fußpfaden erreichbar, ein großes weißes Kreuz auf dem Bergkamm wies dem Pilger den Weg. Die fünfstündige Wanderung zu diesem wunderschönen Platz über dem Meer umgeht – wo möglich – die neue Straße dorthin. Der Aufstieg kann bei heißer Sonne anstrengend werden, die weiten Blicke übers Meer entschädigen jedoch für alles. Wasser gibt es in der Kirche von Póli und im Kloster selbst, Proviant muss mitgenommen werden.*

■ *18 km, Höhenunterschied 420 m, schwer*

▷ *Karte siehe vorige Seite*

RGZ 0.00  In **Fry** kehrt man gerne der riesigen Hafenanlage den Rücken, marschiert die Hauptstraße nach links, dann rechts hinauf und biegt vor der Tankstelle (re.) links nach

0.10  **Panagía** ab.

Fast horizontal wandert man durch den unteren Ortsteil und vor einer Tonnenkapelle rechts aufwärts. In Ortsmitte geht es hinter dem Kinderspielplatz aufwärts. Rechts

0.15  am Weg eine ungewöhnliche Gebäudeanlage – **sechs Kapellen** nebeneinander – die »Neráides« ⊡. Die Türschildchen sehen aus wie bei Reihenhäusern – nur dass die Bewohner Heilige sind.

Nach 50 m verlässt man die kleine Straße in der Rechtskurve und gelangt geradewegs auf ein Monopáti, das zwar etwas zugewuchert ist, aber idyllisch am Rande der Ebene

0.20    entlangführt. Es wird durch die **Zufahrt** zum Kieswerk in der Schlucht durchschnitten. Die Fortsetzung liegt erhöht gegenüber (**P1:** N35°24,561'/ E26°55,982') und ist schnell gefunden.

Bei der nächsten Wegegabelung geht es links aufwärts. Hier ist der mauergesäumte Weg teilweise mit Mastix zugewach-

0.25    sen. Später verläuft er auf blankem Fels mit **eingehauenen Stufen** 2. Sie werden durch einen Feldweg unterbrochen, auf dem man kurz nach rechts und dann weiter aufwärts geht. Bei der Gabelung unterhalb der Ortschaft nimmt man den nach links aufwärts führenden Pfad und umgeht

0.30    weiter oben links einen Zaun. Man kreuzt die **Straße**, geht rechts gegenüber den steilen Betonweg hinauf und hinein in das Häusergewirr von **Póli.** Dies war in der Antike und im Mittelalter der von einer Burg geschützte Hauptort der Insel. Das venezianische Kástro liegt heute in Ruinen. Das Dorf hat sich jedoch mittlerweile wieder etwas erholt, nachdem es schon fast verfallen war.

Am hinteren Dorfende wartet neben dem Friedhof die

0.40    **Kirche Agía Triáda** (180 m), die Kirche der Dreieinigkeit. Die Zisterne bietet die letzte Möglichkeit, sich vor dem Aufstieg mit Wasser zu versorgen.

Rechts von der Kirche beginnt die aufwärts führende Straße. Nach drei Minuten, in der ersten scharfen Rechtskurve, verlässt sie der geschickte Wanderer aber schon wieder und findet ein ansteigendes Monopáti, das dann nach links führt. Später steht nur noch links eine Mauer, nach 100 m verläuft der Pfad dann frei durchs Gelände.

0.50    Bei Mauern und einer alten **Zisterne** (**P2:** N35°24,046'/ E26°56,612') neben einem Olivenhain gelangt man wieder auf die Straße, die ab hier auf dem alten Saumweg verläuft. Alte Feldterrassen reichen bis ins Tal zur Linken hinunter, darüber wacht die Gipfelkirche Ágios Kiriakí.

1.00 In einer weiten Linkskurve umrunden wir das Tal, verlassen aber in der ersten scharfen Rechtskurve die Straße nach links. Der alte **Saumweg** (**P3**: N 35°24,054'/ E26°56,993') ist wieder aufgetaucht und führt abkürzend nach oben, wo man wieder der Straße nach links folgt.

> *Alternative:* Die folgende Abzweigung nach links führt in einer Viertelstunde zur Gipfelkapelle Ágios Kiriakí, mit prachtvollem Blick nach Kárpathos. Sie ist die großzügige Spende eines aus Kássos stammenden Londoner Reeders.

1.10 Etwa 80 m nach der Abzweigung kann man einem Pfeil nach links folgen und nochmals abkürzen. Dieser Pfad ist ziemlich steinig und endet oben abermals auf der **Straße**. Man übergeht eine Links-Abzweigung und steht bald auf dem Bergsattel (420 m) mit einem Haus (re.). Oft schlägt einem hier tosender Wind entgegen.

★ Nach dem Sattel ist die zweite, undeutlichere Fahrwegabzweigung nach rechts die unsere. Dieser Weg führt zu einem Pumpenhäuschen, von dem aus man unten unvermittelt das Kloster erhaben über dem Meer liegen sieht ③.

1.20 > *Das **Kloster Ágios Mámmas** (**P4**: N35°23,861'/ E26°57,286', 360 m) ist dem Heiligen der Hirten geweiht. Er hat, der Sage nach, auf Fürbitten der Nonnen drei türkische Korsarenschiffe, die das Kloster bedroht hatten, unten im Meer zu Fels verwandelt. Dort sieht man sie immer noch.*
>
> *In der Kirche fallen vor allem die Ikonostase und der wunderbare Kieselmosaikboden auf. Er zeigt zwei Löwen und den byzantinischen Doppeladler. Der schöne Garten mit guter Zisterne und ein ewiger Meerblick lassen das Kloster schon fast im Himmel schweben. Vor allem am 1. und 2. September, am Kirchweihfest.*

Als Rückweg wählt man besser die aufwärts führende Straße mit gewaltigen Ausblicken bis nach Kárpathos. Oben an der Gabelung geht es links; nach rechts könnte man bis zur Inselspitze von Aktí wandern.

1.35 Bald steht man wieder im **Sattel** und beginnt den Abstieg.
1.55 Beim ummauerten Olivenhain findet man wieder die **Zis-**
2.20 **terne** (re.) und die Abkürzung nach **Póli** ④. Später ist es
2.45 vielleicht bequemer, die Straße nach **Fry** zu nehmen. Vielleicht gibt's ja auch hilfsbereite Autofahrer.

# ③⑦ Die unteren Dörfer

*Durch einfaches Bauernland wandert man auf Feld-
und Eselswegen, zum Teil auch auf der Straße, in
vier Stunden durch die Dörfer der Küstenebene. Sie
wurden wieder bevölkert, nachdem die mittelalterliche Piratengefahr gebannt war und das sichere Polí
wieder verlassen werden konnte.*

■ *8 km, Höhenunterschied 115 m, leicht*

**RGZ**
**0.00** Vom malerischen **Fischerhafen** Boúka in Fry schlendert
man die Küstenstraße aufwärts und benutzt kurz vor dem
Flugplatz eine Pfadabkürzung nach rechts. Am »Termi-
**0.15** nal« vorbei geht es bei der beschilderten **Linksabzweigung** zur Kapelle Ágios Geórgios Vrísis, die über einer
Quelle erbaut ist. Am Hang steht die Ruine eines Adels-
sitzes.

Rechts von der Kirchentür steigt man über die Sitzstufe,
gelangt nach wenigen Metern auf eine größere felsige
Fläche und peilt die hohe Wand einer Ruine an. Links von
einer Feldmauer geht es aufwärts und vor der hohen
Wand nach rechts. In der Mitte einer weiten Wiese zieht
**0.25** man weiter aufwärts zu einem **Monopáti** (**P1:** N 35°
25,042′/ E 26°54,523′). Danach überquert man auf Felsplatten eine weite Fläche; die Vassílis-Kapelle liegt dabei
etwa 150 m rechts von uns. Auf einem weiteren kurzen
**0.30** Monopáti erreicht man eine **Straße** und den Ort **Agía
Marína.** Dort geht man rechts, ebenso bei den zwei folgenden Gabelungen. Im Gewirr der Gassen hält man sich
**0.40** danach aber links und kommt zur großen **Stavrós-Kirche**
(**P2:** N 35°24,727′/ E 26°54,645′; 110 m).

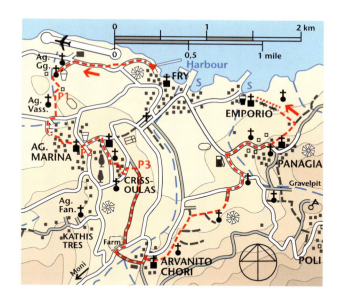

Gleich daneben hat das Café *To Steki* (re.) – leider unregelmäßig – geöffnet. Von dort führt unser Weg geradeaus, dann abwärts zur Agía-Marína-Kirche ① und davor nach rechts. Unmittelbar hinter einer weiteren, kleineren **Kirche** (li.) im Ortsteil Chrissoulas biegt man nach links ab. Erst geradeaus, dann im Zickzack abwärts geht es zu einer Straße, der man abwärts nach links folgt (rechts weiter oben steht eine eingefriedete Kirche). Rechts der Straße stehen Ölbäume, nach 100 m dann ein Haus, an dessen Fassade sich Delfine tummeln.

0.45

0.50

1.05

Direkt davor führt ein schmaler Fußpfad abwärts zu einem **Feldweg** (**P3**: N 35°24,512′/ E 26°54,821′). Nach rechts leitet er uns auf ein Dorf zu und erreicht bei einer Straußenfarm die Straße. Auf ihr zieht man 150 m nach rechts aufwärts und dann links hinein zur **Kirche** von **Arvanitochóri**. Der Name bedeutet »Dorf der Albaner«. Nachdem die Insel nach dem Massaker 1824 entvölkert war, siedelte die türkische Besatzungsmacht hier Albaner an.

Unterhalb der Kirchenstufen trödelt man geradeaus weiter, biegt bei einem größeren Platz mit Zisterne (li.) rechts ab und passiert eine weitere, kleinere Zisterne (li.). Ein Betonweg leitet an einer hübschen Kapelle mit Vorplatz ② vorbei. Nach 30 m biegt man an einer Gabelung mit Strommast links ab und später nochmals links in einen felsigen Eselsweg, der etwas unbequem abwärts verläuft.

!! Dieser endet vor einem breiten Fahrweg, 20 m neben der Straße. Noch vor diesem Fahrweg nimmt man den oberhalb verlaufenden Trampelpfad nach rechts durch die Felder, bis man auf einen weiteren Fahrweg stößt. Auf diesem geht man links abwärts und später auf der Straße

1.25 nach rechts. Nach einer **Kapelle am Straßenrand** (re.) trifft man auf die Hauptstraße, der man links hinab folgt. Kurz nach der Tankstelle (li.) folgt man rechts der Straße

1.35 nach **Panagía** und biegt unterhalb vom **Hotel Theoxenia** nach links ab. (Weiter oben steht eine originelle Kapelle im »Sechserpack«, s.S. 129).

Unterhalb der voluminösen Dorfkirche (re.) wandert man auf einem schmalen Pfad eben dorfauswärts und hinter einem Ferienhaus (li.) nach links hinab. Der Pfad ist spä-

1.45 ter zugewachsen, so dass man sich pfadlos nach **Embório** durchschlagen muss.

Im seichten alten Hafen kann man schon im Frühjahr baden. Und *Dolmadákia* genießen, fingerdicke, würzige Dolmádes – *die* Spezialität von Kássos.

# Kastellórizo

Die winzige Insel am Ostrand Europas ist erstaunlich kosmopolitisch. Das mag von den vielen Inselherren im letzten Jahrhundert herrühren: Türken, Franzosen, Engländer und Italiener. Sicherlich auch vom erzwungenen Exodus der Bevölkerung während des Krieges nach Zypern und Ägypten. In den Goldenen Zwanziger Jahren diente »Castellorizon« als Landeplatz für französische Wasserflugzeuge von und nach Indien und hatte einen legendären Ruf als Mikró Parísi, Klein-Paris.
Bei der Einfahrt in den einladenden Hafen stockt das Herz des Wanderers, wenn er das schroffe senkrechte Kliff erblickt, das hinter dem Städtchen aufragt. Auf der Hochebene jedoch lässt es sich bequem wandern. Allerdings gibt es dort kaum Schatten noch brauchbare Zisternen. Die wenigen Läden bieten jedoch alles Notwendige für unterwegs – auch eine gute Inselkarte für weitere Streifzüge.

## 38 Am Rand Europas

*Diese leichte Küstenwanderung von zweieinhalb Stunden führt zu einer Kapelle am Rand Europas. Mit prächtigem Blick auf den Hafen und die sich dahinter auftürmenden Felswände kehrt man zurück. Brunnen gibt es keine.*
■ *4 km, Höhenunterschied 90 m, leicht*

RGZ 0.00 Die Boote dümpeln vor sich hin, während man am **Hafen** nach Norden schlendert. Beim Kinderspielplatz steigt man nach links an und geht danach auf dem Plattenweg

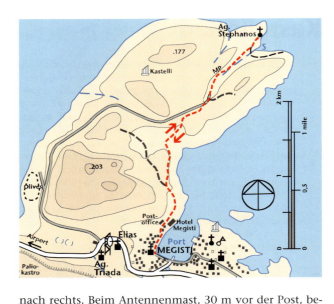

nach rechts. Beim Antennenmast, 30 m vor der Post, beginnt hinter einem Gatter ein breiter Höhenweg. Mit schönem Blick auf die vorgelagerten Inseln führt er zuerst durch einen Olivenhain und verläuft danach oberhalb der Küste. Auf der Kuppe nähert sich von links ein Fahrweg. Etwa 5 Minuten wandert man parallel rechts davon auf einem Pfad, der schließlich in den Fahrweg einmündet. Bald danach endet der Fahrweg und man kann den

0.30 alten **Pfad** benutzen, um ohne Orientierungsprobleme
0.40 zum Kirchlein des **Hl. Stephan** (s. Titelbild) zu gelangen. Wie ein Vorposten der Christenheit steht es auf einer Felsspitze dem asiatischen Kontinent gegenüber. Das griechische Militär benutzt diese Stelle, um von den Türken nicht überrascht zu werden. Die Bewohner Kastellórizos besuchen den gegenüberliegenden türkischen Ort Kas dagegen sehr gerne zum Einkaufen.

In der Bucht kann man von Felsplatten aus ins Wasser gelangen. Zurück wandert man auf demselben Pfad mit

1.20 traumhaftem Blick auf **Megísti.**

▷ Die **Pension** Caretta (Tel. 224 60-492 08) vermietet geschmackssicher eingerichtete Zimmer.

# ⓷⑨ Patitíria – antike Weinkelter

*In der Antike war Megísti (der damalige Name bedeutet »die Größte«) zumindest groß im Weinanbau. Aus dieser Zeit haben sich Felsvertiefungen zum Keltern des Weines erhalten. Einige davon wollen wir finden, eine verfallende Klosterburg besuchen und die dorische Akropolis besteigen. Dazu benötigt man drei bis vier Stunden Zeit und viel Trinkwasser. Vor der Wanderung kann man versuchen, beim Papas den Schlüssel für das Georgskloster zu bekommen.*

■ *5 km, Höhenunterschied 250 m, moderat*

RGZ 0.00

★

Am oberen Stadtplatz rechts neben den Türmchen der **Kirche** des Heiligen Georg (zum Acker) geht es noch forsch die Straße hinauf und gegenüber der Straßeneinmündung auf einer Steintreppe ① aufwärts. Ein herrlicher Stufenweg (Foto Buchumschlag hinten) führt langsam durch die Felsen nach oben. Von hier streift der Blick weit übers Meer bis zur türkischen Stadt Kas. Die Stufen enden auf der

0.15 **Hochebene** (165 m).

Hier findet man leicht den rot gefärbten Pfad nach Süden, links oberhalb eines eingefriedeten Feldes. Vor dem Wehrkloster ② geht man links. Direkt neben dem Weg befindet sich links im Fels ein Schacht mit Vorkammer ein antikes Grab, mittlerweile Ziegenstall.

0.25 *Das wehrhafte Nonnenkloster **Ágios Geórgios tou Bounioú** (Hl. Georg zum Berg) von 1779 ist verlassen und sollte äußerst vorsichtig betreten werden. Durch eine Mauerbresche kann man in den Hof mit den schießschar-*

*tenartigen Fenstern und der frei stehenden Kirche, dem Katholikon, blicken. Falls man den Schlüssel hat, sieht man in der Kirche an der Bilderwand die Ikone des Hl Georg, links außen neben der Maria.*

*Aufregend ist der Einstieg in eine enge, dunkle Öffnung nach unten. Hier befindet sich eine Grottenkrypta, die dem Hl. Charálampos, dem »Freudestrahlenden« geweiht ist. Heilbringendes Wasser perlt von den Wänden.*

60 bis 70 m südlich des Klosters, hinter dem umzäunten Feld, gibt es eine weitere Sehenswürdigkeit: ein »Patitíri«, eine antike Weinkelter ③.

*In größere, nahezu ebene Felsplatten wurden mindestens drei kreisrunde Vertiefungen eingeschnitten, von denen eine keinen Ablauf hatte und zwei durch eine Rinne verbunden waren. Archäologen erklären die Funktion so: Die Trauben wurden zuerst in die Vertiefung ohne Ablauf gelegt, wo sie sich durch ihr Eigengewicht zum Teil selbst auspressten. Aus diesem Saft ließ sich sehr süßer Wein herstellen.*

*Anschließend wurden sie in Holzringen in der oberen Vertiefung mit den Füßen ausgepresst, wobei die Maische in die tiefere Höhlung lief und sich dort sammelte. Bis jetzt hat man 47 solcher Patitíria auf der Insel gefunden.*

Unser Weg führt vom Kloster pfadlos hinab zur großen quadratischen Zisterne hinter dem Eukalyptusbaum in der Senke (**P1:** N36°08,474'/ 29°35,385') und von dort nach rechts ins schattige Feld. Nach den Kiefern schwenkt

0.30 man vor einem **Haus** links über den Steinwall und biegt danach nach rechts auf einen gut sichtbaren Pfad ab. Bei

0.35 der Einmündung in einen quer verlaufenden **Weg** (**P2:** N36°08,739'/ E 29°35,309') geht man links, hinter einem

0.40 Wassertrog nach rechts und erreicht die **Zyklopenmauer** direkt über dem Hangabbruch.

*Zyklopenmauern wurden ohne Mörtel aus riesigen Steinen ohne durchlaufende waagerechte Fugen geschichtet. Diese stammt aus der mykenischen Epoche (1500 bis 1300 v.Chr.) und verlängerte die natürliche Felsenwand bis zum Graben.*

***Abkürzung:*** Von hier gelangt man in acht Minuten hinab zum Kloster Ágia Triáda.

Direkt an der Mauer führt uns rechts vom Graben ein leicht ansteigender Eselsweg landeinwärts, an einem

0.50 Gehöft (re.) vorbei, zur (abgeschlossenen) **Kirche Ágios Ioánnis.**

Kurz davor, direkt am Klosterzaun rechts vom Pfad, entdeckt man ein weiteres, noch schöner gearbeitetes Patitíri. (Das zweite dieser Gegend ist kaum zu finden.)

Rechts vom einzelnen alten Olivenbaum verläuft der Weg aufwärts. Anfangs schwer auszumachen, weitet er sich später und führt sicher zum **Feldweg** hinauf. Auf diesem gelangt man in den **Sattel** (235 m), scharf beobachtet von den Soldaten auf dem Berg Vígla. Ein Fußpfad führt genau gegenüber der Einmündung abwärts, rechts an der ummauerten Kirche des Hl. Panteleimon vorbei und hinauf zum **Paleókastro** 4 (250 m).

0.55
1.00

1.10

> Schon immer war dieser Ort befestigt. In hellenistischer Zeit wurden riesige behauene Quader zu wuchtigen Mauern einer Stadt zusammengefügt, die dem Apollon geweiht war. In byzantinischer und johannitischer Zeit wurden Bruchsteinwände darüber gemauert. Die Italiener benutzten Beton für die Geschützfundamente. Dazu bilden die drei Kapellen einen friedlichen Ausgleich.
>
> Interessant sind die vielen, innen glatt verputzten Zisternen, die teilweise gewaltige Dimensionen haben. Der Durst war sicherlich der gefährlichste Feind der Burgbewohner.

Der traumhafte Blick schweift über die Berge Kleinasiens und die vielen vorgelagerten Inselchen. Im Westen liegt die größere Insel Ro, auf der die Bäuerin Déspina 1927–1962 ganz allein für Griechenland die Stellung hielt und türkische Eindringliche verjagte. Ihr Denkmal steht am Startpunkt dieser Wanderung.

Wir kehren zurück in den Sattel unter dem Vígla, überqueren einen Fahrweg und gehen später nach links auf einem Stufenweg hinab ins Tal. Nach ein paar Metern auf

der Straße kommt man zum ehemaligen Nonnenkloster

1.30 **Agía Triáda** (Hl. Dreifaltigkeit, von 1898). Im stimmungsvollen, kieselbelegten Klosterhof kann man sich die Kirche aufschließen lassen und die Dreifaltigkeitsikone bestaunen.

Auf den Felsen vor dem Nachbarkloster **Ágios Elias** von 1758 (neben den eingezäunten Wohnhäusern) kann man

★ danach noch ein bisschen vor sich hinträumen, bevor man über Plattenweg, Straße und Abkürzung durch die

1.40 Häuser wieder im weiten **Naturhafen** landet.

# ④⓪ Der Franzosenweg

*Diese fünfstündige Wanderung führt zu einem Relikt des ersten Weltkrieges, vorbei an einer archaischen Siedlung und am verlassenen Kloster Agios Geórgios tou Bounioú. Den Klosterschlüssel kann man sich mit etwas Glück besorgen ㊴. Trinkwasser und ggf. Badeschuhe mitnehmen.*

■ *6 km, Höhenuntersch. 210 m, moderat bis schwer*

▷ *Karte siehe vorige Seite*

**RGZ**
**0.00** Am **oberen Stadtplatz** geht man zwischen der **Kuppelkirche** des Heiligen Georg *(zum Acker)* und dem Denkmal der Déspina, der »Frau von Ro«, hindurch und 200 m eben dahin bis zur Straße. Dort dann 250 m nach rechts hinauf und nochmals rechts bis zu einer Linksabzweigung mit Stoppschild. Hier geht man 20 m nach links und fin-
**0.05** det unauffällige **Steinstufen** hinauf ins felsige Gelände. Vom schönen Stufenweg aus erblickt man an der türki-
**0.15** schen Küste die Stadt Kas. Nach den **letzten Stufen** (P1: N 36°08,706'/ 29°35,753', 125m) schreitet man rechts an einer Feldmauer entlang.

Zunächst geht es ein kurzes Stück eben dahin, bis bei einer Zisterne (re.) ein Weg nach rechts auf die darüber liegende Ebene führt. Oben bemerkt man an der Hangkante ein rundes Bauwerk. Um es anzuschauen, biegt man nach
**0.35** rechts vom Hauptpfad ab. Es handelt sich um ein **antikes Grab**, das im Krieg zum Unterstand der Italiener wurde und mittlerweile als Ziegenstall dient (**P2:** N36°08,725'/ E 29°35,591', 200 m).

0.45 Von dort wandert man zurück und auf der Hochebene, links vom Hügel, nach Süden zu großen runden **Zyklopenwänden** (li.). Sie stammen aus dem 6. Jh. v.Chr. und sind Teil einer archaischen Siedlung. 80 m weiter, direkt links vom Pfad, liegt ein Patitíri, (**P3:** N36°08,519'/ E 29°35,556') eine antike Weinkelter, wie in (W39) beschrieben. Der weitere Weg führt an der Gabelung nach rechts

0.55 zum **Kloster Ágios Geórgios tou Bounioú**, das man links passiert (Siehe ㊴).

Nachdem man 60 m unterhalb auch dort ein Patitíri gefunden hat, geht es auf dem Feldweg in südwestlicher Richtung durch die Hochfläche bis zu einem einzelnen,

1.05 erhöht stehenden **Olivenbaum** (**P4:** N36°08,306'/ E 29°34,984'). Hier führt der »Franzosenweg« *(French road)* nach links und dann in den Graben hinab.

> *Diese gut erhaltenen Rampen* ☐ *wurden im ersten Weltkrieg von den Franzosen gebaut, um Geschütze auf die Hochebene zu ziehen. Für Frankreich, das die Insel als Sprungbrett für seine indischen Besitzungen benutzte, stellte die damals mit Deutschland verbündete Türkei eine Bedrohung dar.*

1.25 Die Rampen enden in der **Felsenbucht Navlákas** ②, der damaligen Anlegestelle. Dort kann man etwas umständlich bei einem Felsenpool ins tiefe Wasser gelangen, sollte aber nicht zu weit hinaus schwimmen.

Zurück geht man auf derselben Strecke, lässt aber dann

2.05 das **Georgskloster** rechts liegen und wandert auf einem gut sichtbaren Pfad rechts oberhalb eines baumbestandenen Talbodens zur Felsenkante. Mit Kaiserblick geht es

2.25 den anderen Stufenweg hinab ins Städtchen **Megísti.**

# Nísyros

Inselkenner schnalzen bei diesem Namen mit der Zunge. Die Vulkaninsel hat kaum nennenswerte Strände und ist daher ursprünglicher geblieben. Tagesausflügler aus Kos kommen um 11.00 Uhr an und fahren um 16.00 Uhr wieder ab. Danach gehört die Insel wieder den Einheimischen und ihren Gästen. Man lernt sich bald kennen, spätestens abends auf dem traumhaften Hauptplatz von Mandráki, der Platía Ilikioméni.

Im Inneren der Vulkaninsel öffnet sich eine riesige Caldera, ein Krater, der vor langer Zeit durch den Einsturz einer gewaltigen Höhle entstanden ist. Der Inselrand wird von einem sehr fruchtbaren Bergring gebildet, der landwirtschaftlich genutzt wird. Viele, teils restaurierte, teils verfallene alte Eselswege sind noch zu finden. Bei unklarem Wetter ist in den Bergen wegen Nebel- und Wolkenbildung Vorsicht geboten.

Im Internet steht unter www.bjfranke.privat.t-online.de eine gute Wegekarte gratis zum Download bereit.

## 🟠 Auf dem Vulkan

*Auf alten Pfaden übersteigt man den Kraterrand und wandert hinunter in das flache Innere des ruhenden Vulkans. Dort kann man die dünne Erdkruste erspüren, in der Schwefelgerüche die Nase kitzeln. Am Außenrand der Insel geht es zurück. Die sechsstündige Wanderung kann in der Mitte abgekürzt werden, falls man mit Enetikon Travel (nähe Hafen) eine Rückfahrt mit dem Ausflugsbus aus dem Krater vereinbaren kann.*

■ *14 km, Höhenunterschied 325 m, schwer*

RGZ Falls man nicht das Taxi bis zum **Kloster Evangelístria** nehmen möchte, folgt man der Wanderung ㊷ bis dorthin.

0.50 Ab der riesigen **Terebinthe** vor dem Kloster (240 m) führt eine von Zäunen eingefasste »hohle Gasse« nach rechts 🔳. An deren Ende geht man nach rechts, weiter am Zaun entlang, nimmt dann einen Pfad nach links abwärts und kommt bald an einer Zisterne vorbei. Links liegt ein tiefer Talboden, Káto Lákki. Man kreuzt den Fahrweg in der Senke und wandert aufwärts, am Massiv des Profítis Elías entlang.

1.15 Wieder abwärts gehend, erreicht man einen **Pass** (**P1:** N36°35,840'/ E27°09,720; 325 m) und hat nach der Rechtsabzeigung eines Pfades die grüne Ebene der Caldera 🔳 unter sich liegen. Auf der gegenüber liegenden Kraterseite thront das Kloster Ioánnis Theológos. Ein breiter, sehr schotteriger Pfad führt durch Oliventerrassen ab-

1.45 wärts zur **Straße** (110 m), auf der man nach rechts marschiert. Rechts oben befinden sich geothermische Bohranlagen. Die wirtschaftliche Ausbeutung der Erdwärme scheiterte bisher jedoch an der Ablehnung durch die Be-

2.05 völkerung. Weiter auf der Straße gelangt man zum **Getränkekiosk** unter Eukalyptusbäumen.

*Bis jetzt hat man die Hauptattraktion noch nicht bemerkt: Dort, wo Schlangen von Touristen auf- und abtauchen, befindet sich ein riesiges, fast kreisrundes, 25 m tiefes Loch, der Stefans-Krater. Beim Hinabsteigen intensiviert sich der Schwefelgeruch aus dem Erdinneren. Ganz unten merkt man, dass an manchen Stellen die schwankende Sohle der Caldera nur etwa 20 cm dick ist, darunter brodelt schlammig-graues Wasser. Dies ist der größte von insgesamt fünf Kratern, die zugänglich sind. Zuletzt war der Vulkan 1888 aktiv. Hier, wie auch in Mílos und Santorin, treffen die eu-*

*ropäische und die afrikanische Kontinentalplatte aufeinan-
der, was immer wieder zu Erdbeben führt, zuletzt 1933.*
**Alternative:** Wer einen schönen Rastplatz über der
Caldera sucht, wandert zuerst pfadlos nach Südosten
zum Fahrweg hinauf, der zum **Kloster Stavros** führt.
Von dort geht's in fünf Minuten abwärts, bis man bei
RGZ 2.35 das unten beschriebene Portal (re.) erreicht.

2.05  Der weitere Weg führt zuerst auf dem staubig-weißen
Fahrweg vor den Schattendächern in der bisherigen Rich-
2.10  tung weiter, durchquert einen **Bauernhof** am Bergfuß
und geht dahinter über in einen anfangs höher gelegten
2.15  **Fußpfad (P2: N36°34,538'/ E27°09,712')**, der in einem
Graben hinaufführt und sich später durch die Felsen
schlängelt. Hier ist das geübte Auge des Inselwanderers
gefragt, um den teilweise etwas zugewachsenen, wildromantischen Pfad zu erkennen. Nach einem verfallenen
2.35  Portal nimmt man den **Fahrweg (P3: N36°34,532'/ E27°**
09,212'; 240 m) nach rechts und kommt nach 300 m an einer Felsenkapelle (re.) vorbei. Die Sandstraße führt über
2.50  dem Meer entlang, dann durch einen weiten grünen **Sattel**
(325 m) mit Hausruinen. Später passieren wir die verfallene
Zachariaskapelle (li.) und wandern weiter nach Norden. Im
Meer erkennt man Astipálea und kleinere Inseln.

Noch bevor die Sandstraße nach rechts um den Hang
biegt, kommt von links ein Weg von einem Stall herauf.
!!  *20 m davor* und in ca. 5 m Höhe sind die Spuren des **alten**
3.15  **Pfades (P4: N36°35,484'/ E27°08,361')** auszumachen. Ihnen folgt man gerne und überquert später – 10 m nach
3.20  rechts versetzt – die **Sandstraße.** Wieder auf Steinplatten
gehend, findet man nach vier Minuten eine markierte
Linksabzweigung, die aber zu keinem brauchbaren Pfad

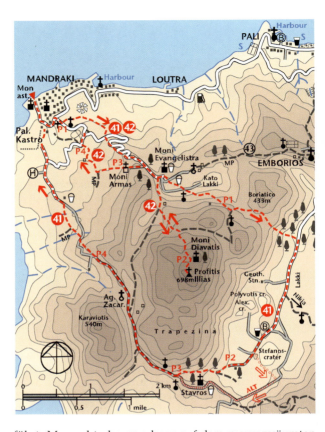

führt. Man geht also geradeaus auf dem mauergesäumten Pfad durch Olivenhaine weiter und erreicht bei einer großen Zisterne wieder die Sandstraße. Auf ihr wandert man

3.45 nach links und hinter dem Helikopterplatz an der Gabelung nochmals links zum **Paleókastro**, der antiken »Burg«.

> *Die rekonstruierten Mauern bilden einen stumpfen Winkel und schützten im 5. und 4. Jh. v. Chr. die Landseite einer untergegangenen Stadt. Die passgenau zusammengefügten, riesigen Basaltblöcke und das gut erhaltene Tor sind äußerst beeindruckend.*

3.55 Beim Kassenhäuschen unterhalb des Zugangsweges zum Burgtor führt ein schmaler Fußweg hinab nach **Mandráki.**

## ⓸₂ Das Gipfelkloster

*Die vier- bis fünfstündige Tour führt erst hinauf zum Evangelístria-Kloster, dann weiter auf steilen Eselspfaden zum kleinen verlassenen Kloster Diavátis und schließlich zum Gipfelpanorama.*
■ *11 km, Höhenunterschied 700 m, schwer*

▷ *Karte siehe vorige Seite*

| | |
|---|---|
| **RGZ** | |
| 0.00 | Vom Meer weg geht man direkt unterhalb des Klosters von **Mandráki** erst die Gasse, dann die Straße in einem Links- |
| 0.08 | bogen aufwärts bis zu einer **Straßengabelung.** Am Bild- |

Vom Meer weg geht man direkt unterhalb des Klosters von **Mandráki** erst die Gasse, dann die Straße in einem Linksbogen aufwärts bis zu einer **Straßengabelung.** Am Bildstock (re.) geht es für 60 m nach rechts aufwärts und *30 m vor einer Kapelle* nach links auf einem ebenen, schmalen Pfad ① (**P1:** N36°36,568'/ E27°08,060') durch sorgfältig ge-

0.15 fügte Bauernterrassen. Bei den zwei **Gabelungen** geht man erst rechts, dann links – immer aufwärts. Eichen und Feigenkakteen beschatten den sanft ansteigenden Weg ②.

0.30 Man kreuzt die **Straße** und findet auf der anderen Seite so-
0.40 fort den Anschluss. Noch zweimal streift man die **Straße,**
0.50 bevor man oben auf ihr zum **Kloster Evangelístria** (240 m) wandert, dem Kloster der Verkündigung. Die Kirche besitzt eine wertvolle Ikone. Im Vorhof ist ein Brunnen.

Vor dem Kloster steht eine riesige Terebinthe. Hier zweigt Wanderung ④ ab.

Man geht die Straße *60 m zurück.* Dort biegt ein mit roten
!! Punkten markierter *Fußpfad* nach links aufwärts bzw. nach Süden ab – nicht mit dem Fahrweg links davon zu verwechseln! Gemächlich führt er aufwärts zu einem
1.00 **Stall** (li.). Hier beginnt ein mauergesäumter Eselspfad auf-

wärts. (Ein anderer führt nach rechts in einen Talboden hinab.) Der Pfad ③ steigt langsam an und wird später unter schattenspendenden **Kermeseichen** zum echten Genuss. Farne säumen den Weg bis zum wildromantischen

1.20

1.40 **Kloster Diavátis (P2:** N36°35,470'/ E27°09,360', 620 m), das in einer malerischen, baumbestandenen Senke ④ hoch über dem Meer liegt.

1.50 Zur Gipfelkapelle des **Profítis Elías** hinauf gibt es nur Trampelpfade zwischen Sträuchern von Kermeseichen. Vom Vermessungspunkt (698 m) aus sieht man im Norden Kós und Kálymnos, im Osten die türkische Halbinsel Resadiye, auf der die antike griechische Stadt Kidnos lag, im Süden Tílos und im Westen bis zum schönen Astipálea. Da gibt's noch einiges zu erwandern!

Zurück nach **Mandráki** braucht man *auf demselben Weg* 1½ Stunden (= RGZ 3.20).

***Eine andere Möglichkeit dauert ebenso lange, erfordert aber mehr Pfadfinderei:***

2.40 300 m nach dem **Evangelístria-Kloster** verlässt man die Straße nach links und kommt zum ummauerten, leerste-

2.50 henden **Kloster Armás (P3:** N36°36,195'/ E27°08,758'). Unterhalb geht es in derselben Richtung auf einem Trampelpfad in einer sanften Rechtskurve weiter. Nach 300 m führt hinter Mauern eine breite, schotterige Rampe im rechten Winkel abwärts. Später müssen wir allerdings mehrmals die weiterführenden Anschlüsse suchen. Ein gut sichtbarer Pfad führt erst zu Ruinen und später zur

3.10 **Straße (P4:** N36°36,370'/ E27°08,264').

Gegenüber benutzt man weiterhin den Pfad oder geht auf

3.20 der Straße rechts, dann links hinab nach **Mandráki**.

## 43 Griechische Sauna

*Von Páli aus führt diese wunderschöne Wanderung in vier Stunden hinauf zum Kraterrand, an diesem entlang und dann hinab nach Mandráki. Neben einer Sauna entdeckt man auch ein wunderbares Lokal am Rande des Vulkans.*

■ *10 km, Höhenuntersch. 370 m, moderat bis schwer*

RGZ 0.00 Im beschaulichen Fischerhafen von **Páli** geht man von der **östlichen Mole** landeinwärts, wendet sich mit der Straße nach links und geht nach 10 m rechts ①. Das Sträßchen steigt leicht an und ist bald in Weiß getaucht. Wer bei der Gabelung links geht, kommt zu einem Wohnhaus mit vorgelagerter Terrasse, bei dem die weiße Pracht aber schlagartig endet und ein ziemlich verfallener **Stufenweg** beginnt.

0.05

0.10 Er führt, später auf Geröll, hinauf zur **Straße.**

*Alternative:* Der im Weiteren beschriebene Weg erfordert einen gewissen Pioniergeist und lange Hosen. Bequemer wäre es, auf der Straße in weniger als 25 Minuten bis zu einem Wassersammelbecken ③ (= RGZ 0.35) zu gehen. Auf der anderen Straßenseite – allerdings drei Meter höher, führt das alte Monopáti weiter. Man erreicht es, indem man 50 m auf der Straße nach links geht und erst dann von der Seite her oberhalb zu ihm gelangt. Es ist jedoch nach wenigen Metern ziemlich zugewachsen, so dass man sicherheitshalber den Zaun zur Linken als Leitlinie nimmt. Wenn dieser Zaun nach links verläuft, geht es auf einem Eselsweg weiter aufwärts und bei der Gabelung links. Etwas erhöht auf der linken Seite ist als nächstes Ziel eine Kapelle auszumachen ②.

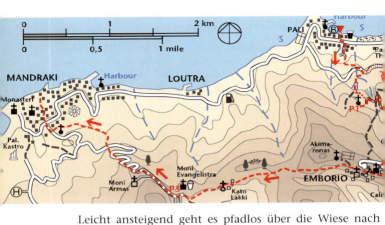

Leicht ansteigend geht es pfadlos über die Wiese nach links, nach 50 m durch einen Graben aus Bims und auf schmalen Pfaden unterhalb des Zaunes entlang hinauf

0.25 zur malerischen **Kapelle** (**P1**: N36°36,695'/ E27°10,475', 150 m). Ab hier nimmt man den neuen Fahrweg. Über ei-

0.30 nen Hangrücken gelangt man zur **Straße** und dort nach

0.35 rechts zu einem **Wassersammelbecken** an der Straße ③ (**P2**: N36°36.557'/ E27°10,740').

Auf der linken Seite des Beckens windet sich ein feiner, al-

★ ter Pflasterweg unter Eichen nach **Emborió** hinauf. Dort geht man auf der Straße nach links und findet nach 80 m

0.50 rechts die **Natursauna** ④.

*Der Raum aus geschichteten Steinen ist 1,50 x 1,50 m groß und höllisch heiß. Der (angeblich leicht radioaktive) Dampf entsteht durch Erdhitze und tritt zwischen den bemoosten Steinen aus.*

Die Taverne »Balkóni« neben der Kirche bietet einen phantastischen Blick in den Vulkankrater. Treppen führen vom Platz vor der Taverne hinauf zu den Burgruinen über dem Geisterdorf, das nach dem Erdbeben 1933 verlassen wurde. Die Bewohner zogen hinab nach Páli. In einigen Ruinen ist in den letzten Jahren wieder Leben eingekehrt.

1.00 Geht man horizontal unterhalb der Burg (li.) entlang, kommt man zum oberen Parkplatz. Direkt davor wendet man sich links und verlässt durch die letzten, blassblau gestrichenen Ruinen unterhalb der **oberen Kirche** die Ortschaft. Bei den Treppen, die rechts zum Friedhof hinaufführen, geht es eben weiter 5. Der ursprüngliche Weg ist teilweise abgerutscht, es sind jedoch zahlreiche rote Umleitungs-Markierungen vorhanden. Unterhalb des Gipfels wandert man an einer interessanten grauen Fels-

1.15 formation vorbei, bevor man das **Meer erblickt.** Es geht nun abwärts, mit Blick auf den Hafen von Mandráki, zu

★ einem Plateau mit Olivenbäumen und Eichen, unter denen man prächtig lagern kann 6. Der Blick gleitet über die Bimsstein-Insel Gyáli zur langen Insel Kós und noch weiter bis Kálymnos und Psérimos.

1.35 Oberhalb der tiefen Senke Káto Lakki (li.) läuft der Weg weiter, durchquert ein verfallenes **Gehöft** und kommt am Schluss nach einem Hohlweg zwischen zwei Zäunen zum

1.45 meist verschlossenen **Kloster Evangelístria** (P3: N36° 36, 129'/ E27°09,120', 255 m).

Ab dem riesigen Terebinthenbaum geht man auf der Straße bis zur ersten scharfen Rechtskurve und findet

1.55 nach 10 m eine markierte **Abzweigung** nach links auf einen Fußpfad. Dieser tangiert zweimal die Straße, über-

2.30 quert sie einmal und endet schließlich in **Mandráki.**

# Psérimos

Wenn die Tagesgäste aus Kós wieder abgetuckert sind, wird es beschaulich auf der Insel. Knapp 30 Seelen und ein paar Soldaten leben hier. Es gibt eine Anzahl teilweise etwas überteuerter Tavernen, ausreichend Betten, jedoch keinen Laden. Um hinzukommen, arrangiert man in Kós mit zwei Ausflugsbooten getrennte Hin- und Rückfahrten statt der »Three Islands Tour«.

## ④ Ein Traumstrand

*Diese zweistündige Wanderung kann während eines Tagesausflugs gemacht werden. Man wandert auf einem Feldweg durchs Inselinnere und gelangt später auf Ziegenpfaden zum langen Sandstrand bei der Kapelle Panagía Grafiótissa.*
■ *5 km, Höhenunterschied 130 m, leicht*

RGZ 0.00 Der Fahrweg ins Inselinnere startet direkt am **Hafen** und führt vorbei an Tavernen und der Kirche Mariä Himmelfahrt, der Panagía, in deren Vorhof Architekturfragmente der frühchristlichen Inselkirche herumstehen. Bei der Gabelung vor einer Kieferngruppe geht es links weiter, bei 0.06 der **Rechtsabzweigung** bei Olivenhainen ebenso.
Ab hier wird es ländlich-griechisch: Durch ein Tälchen mit schmuckloser Bebauung und sorgsam verstreuten Resten von Gebrauchtem steuert man auf einen großen eingezäunten **Schuppen** zu.
0.15 
*Alternative:* Wer rechts vom Zaun weitergeht, findet einen Pfad über die Anhöhe und gelangt durch einen reiz-

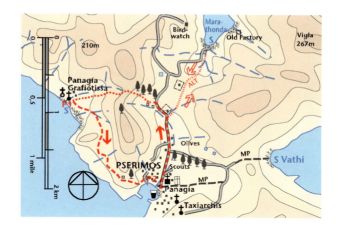

vollen Talboden in 20 Minuten zum grün gesäumten **Kiesstrand von Marathónda**. In der nächsten Bucht stehen Reste einer Ziegelfabrik. Das neue Haus auf dem Hügel links oben dient der Zugvogelbeobachtung.

Vom großen Schuppen steigt der Fahrweg nach links an.

0.20 Bei den **Ruinen eines Gehöfts** verlässt man den Fahrweg nach links und durchquert die Ruinen. Dahinter wandert man pfadlos durch die linke Baumgruppe und einen Graben und gelangt dann auf bequemen Ziegenpfaden hin-

0.35 auf zum **Sattel** (130 m). Die Geländerinne bleibt dabei auf der linken Seite in etwa 80 m Entfernung unter uns. Vom Bergkamm aus blickt man auf die Inseln Platís und Kálymnos und auf eine Strandkapelle (Foto) hinab.

Pfadlos und auf Ziegenwegen gelangt man links oberhalb

0.55 des Taleinschnittes wohlbehalten zur **Kapelle Panagía Grafiótissa** (**P1:** N36°56,458'/ E27°07,313'). An der zweiten Kapelle kann man sehen, was passiert, wenn man nicht auf den Felsen Petri baut. Unterhalb erstreckt sich ein langer Sandstrand, menschenleer, weil die Ausflugsboote im seichten Wasser nicht landen können.

Zurück zum Ort führt ein deutlicher Pfad oberhalb am Meer entlang, später links vom Felsenhügel. Kurz vor dem Hafen findet man Ruinen eines Bauernhofes, geht vor einem Zaun links und kommt hinab zum Dorfstrand von

1.25 **Psérimos** (**P2:** N36°55,982'/ E27°07,954'). Die Wirte warten schon!

# Sími

Nachdem Sími lange Zeit dem Verfall preisgegeben war, hat der Tourismus der Insel ihren vornehmen Charakter zurückgegeben; die einst wohlhabende Stadt fängt wieder an zu blühen (s. links). Viele Häuser sind renoviert worden, auch die Preise können sich sehen lassen. Vornehmlich britische und skandinavische Urlauber fühlen sich hier sehr wohl.
Doch nicht nur der bunte Hafenort bietet Sehenswertes, auch außerhalb sind landschaftliche und architektonische Schönheiten zu finden: große Klöster, schattige Kiefernwälder und viele alte Eselspfade. Beim Wandern ist zu beachten, dass es auf Sími heißer ist als auf anderen Inseln – besonders im Hinblick auf die Anstiege, die meist doppelt zu bewältigen sind.

## 45 Die Kapelle des heiligen Vassílios

*Hoch über dem blauen Meer versteckt sich in einer grandiosen Felsenlandschaft eine winzige Kirche. Wir werden sie finden und dazu noch eine weite, leere Badebucht. Insgesamt benötigt man fünf Stunden, viel Wasser und Proviant. Der Weg verläuft bei wenig Schatten auf Monopátia und gut markierten Trampelpfaden. Wegen ihrer Länge und der zwei Anstiege von jeweils 300 Höhenmetern ist die Wanderung anstrengend. Eventuell kann man aber die Rückfahrt mit einem Ausflugsboot verabreden.*
■ *12 km, Höhenuntersch. 290 m, moderat bis schwer*

RGZ
0.00
Von der **Brücke** aus geht man entlang dem südlichen Ende des Hafens von **Gialós** und nimmt die zweite Gasse vor dem Café Aegialos landeinwärts. Dann passiert man den Campanile und die Kirche (li.) und wendet sich am Ende des Sportplatzes (re.) nach links. Von dort manövriert man auf die Antennen auf der Bergspitze rechts vom Burgberg zu und findet halbrechts die breite, steile Treppenanlage, die morgens noch im Schatten des Berges liegt. Sie heißt Kataráktis – Wasserfälle, was man sofort versteht. Oben geht man rechts und steuert auf die obere

0.20
der beiden Kirchen zu. Am äußeren **Vorplatz** findet man Markierungspunkte und geht geradeaus, eben von der Kirche weg und dann weitere Stufen nach links hinauf.
Bald hat man die Häuser links hinter sich gelassen und genießt den Wahnsinnsblick auf die schöne Stadt. Bei der

0.25
**Gabelung** (**P1:** N 36°36,630'/ E27°49,996', 180 m) nach dem Gatter geht's nach rechts! Der schöne Felsenweg

0.35
führt zur **Kapelle der Heiligen Paraskeví**, der Beschützerin der Augen. Auf dem schattigen Tanzplatz kommt eine erste Pause gerade recht.
Das Monopáti ist ab hier überperfekt renoviert und führt durch ein lichtes Kermeseichen-Wäldchen zur Straße. Das

0.45
gegenüberliegende verschlossene **Kloster Michail Perivilótis** (285 m) lässt uns den Weg nach links fortsetzen. An der Ecke des Eingangs zum Klostergarten biegt man sofort nach rechts auf einen Betonweg ein, der durch mit zahlreichen Kapellen gesegnete Gärten hinabführt. Der Betonweg endet 200 m nach dem zwischen Bäumen ver-

0.50
steckten **Kloster Ágios Nikoláos** (re.).
15 m vor einem Gittertor folgt man den farbigen Punkten nach links. Sie führen sicher auf der rechten Hangseite der

| | manchmal steilen Schlucht abwärts, dem Blau entgegen. |
| ✓ | |
| ★ | Oberhalb des Meeres durchstreift man eine wildromantische, locker bewaldete Landschaft ② und sieht schon den |
| 1.20 | Strand. Nach dem schattigen **Wäldchen** stehen Ruinen (**P2:** N36°35,633'/ E27°48,748', 145 m) links am Weg, der dann in einem Linksbogen dem Meer entgegenführt. Wenn man oberhalb der blauen Glitzerfläche entlang geht, darf man rechts unterhalb des Weges die dem Heili- |
| 1.35 | gen Blasius geweihte **Kapelle Ágios Vassílios** ③ nicht verpassen! Stufen führen hinab zum wunderbaren Sitzplatz über dem Meer. Die Kirche besitzt alte, leider stark verrußte Fresken. Im Häuschen gegenüber sind alle Utensilien für eine zünftige Kirchweih untergebracht. |
| | Der weitere Weg zum Strand ④ ist pfadlos und steil, aber |
| 1.45 | nicht schwindelerregend. Unten an der langen **Bucht** findet man Kiesel und Sand und normalerweise, außer auf Badebooten, keine Menschenseele. |
| 2.05 | Zurück gibt es nur denselben Weg: An den **Ruinen** vorbei, |
| 2.35 | neben der Schlucht zum **Betonweg** und durch die Felder |
| 2.45 | bis vor das **Kloster Perivilótis.** |
| | Von hier aus kann man auf demselben Weg nach rechts in 20 Minuten die Stadt erreichen. Hier hat man den schöneren Blick als vom anderen Kalderími. |
| | Wer noch Lust auf einen kleinen Umweg hat, geht die |
| 2.55 | Straße eben entlang und biegt bei der **Betonstraße** nach rechts zum verschlossenen Kloster Fanoúrios ab. Von dort |
| 3.30 | aus führt der zweite Kalderími hinab nach **Gialós.** |

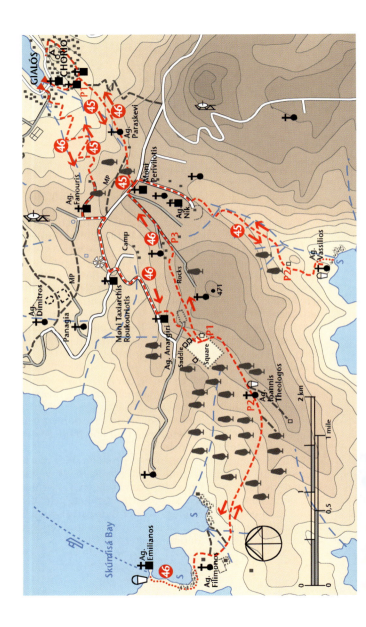

GIALÓS

CHORIÓ

P1

45

46

46

45

Ag. Paraskeví

45

Mp

Ag. Fanoúris

Moní Periviliótis

Ag. Nik.

46

P3

45

Camp

Ag. Vassílios

P2

Moní Taxiárchis
Roukouniótis

46

Rocks

471

Ag. Dímitros

MP

Panagía

Ag. Anárgiri

P1

Saddle

Square

Ag. Ioánnis
Theológos

2 km

P2

1 mile

Skúmisá Bay

S

Ag. Emilianós

46

Ag. Filímonos

S

0,5

0

1 mile

0

# ④⑥ Das Kloster im Meer

*Dies ist die schönste Wanderung auf Sími. Man*
*braucht acht Stunden Zeit, Ausdauer und ausrei-*
*chende Wasservorräte. Zu besichtigen gibt's eine*
*mächtige Klosterburg und nach längeren, flachern*
*Pfaden durch Kiefernwald eine Klosterinsel.*
*Als Abkürzung kann man versuchen, am Vorabend*
*in Gialós mit einem Ausflugsboot die Rückfahrt von*
*Ágios Emilianós zu organisieren oder mit dem Taxi*
*bis Anárgiri zu fahren.*
■ *19 km, Höhenunterschied 325 m, schwer*

▷ *Karte siehe vorige Seite*

RGZ   An der **Brücke** am Hafen von **Gialós** führt uns die Straße
0.00  links vom Platz ins Inselinnere. Das leerstehende, doppel-
schiffige Tonnengebäude links vor dem nächsten Platz ist
die frühere Eisfabrik. Bevor die Straße ansteigt (S.162 ①),
noch vor dem grauen Wasserreservoir, geht man links eine Gasse aufwärts, die weiter oben zum alten Kalderími
führt. Er zieht in Windungen neben einer Wasserleitung,
am Schluss auf einem Betonweg, hinauf zum kleinen, ver-
0.35  schlossenen **Kloster Ágios Fanoúris** (230 m).

Dort nimmt man zuerst den Betonweg nach links zur
Straße, geht dann rechts und im großen Linksbogen zum
0.50  **Kloster Taxiárchis Michaélis Roukouriótis** ①.

*Hier stand schon in der Antike ein Heiligtum. Das Kloster*
*aus dem 15. Jh. zeigt außen glatte Wände und innen eine*
*Abfolge von Terrassen, die sich um das zweigeschossige*
*Katholikón legen. Die obere Kirche besitzt Fresken aller*

*Heiligen, die von der Bäuerin, die das Kloster bewohnt, nach und nach »eingeweihräuchert« werden. Bewundernswert sind vor allem die Ikonen und Schnitzarbeiten aus dem 18. Jh. Hauptsehenswürdigkeit ist der in Silber getriebene Erzengel Michael rechts von der Ikonostase. Er ist Schutzpatron der Insel. Mit dem Schwert bekämpft er das Böse, in der Linken hält er das Kind als Symbol der Seele. In der unteren Kirche sieht man ebenfalls Fresken, allerdings in schlechtem Zustand.*

Beim Verlassen des Klosters geht man um den Baum herum, die Betonstraße abwärts und erreicht hinter dem Militärcamp (li.) schnell das liebliche, aber verschlossene

1.00 **Kloster Agií Anárgiri.**

Oberhalb der Klostermauer machen rote Punkte auf einen anfangs ebenen steinigen Weg aufmerksam, der später einen Betonweg schräg quert und langsam aufwärts in einen Sattel (275 m) mit drei Ruinen und einem steinumlegten

1.15 **Karree** von 60 x 120 m führt. Im Karree *nicht geradeaus* ge-
!! hen! Der geschickte Wanderer biegt *sofort mit etwa 45° nach links ab* und findet am Steinwall weiterführende rote Punkte (**P1:** N36°36,288'/ E27°48,205'). Nach rechts schlängelt sich ein Pfad durch einen Kiefernwald ② zur

1.30 **Kapelle des Ágios Ioánnis Theólogos** mit Zisterne ③ (**P2:** N36°35,882'/ E27°47,755', 260 m). Vorher hat man unten im Wasser schon das Ziel gesehen: Das Kloster im Meer. Aber zuerst gibt es noch eine Rast vor der Kapelle!

Direkt unterhalb geht's abwärts weiter. *Nach zwei Minuten*
!! darf man aber den Weg *rechts hinab* nicht verpassen. Das Ziel rückt näher ④.

Ganz unten zieht man auf halber Höhe im großen Rechtsbogen über der kleinen Küstenebene nach links dahin und

| | |
|---|---|
| 2.10 | vor dem Zaun rechts hinauf zum **Kloster Ágios Filímonos**, wo man den freundlichen Fischer fragt, ob man die alten Fresken der kleinen Tonnenkirche anschauen darf. Betonstufen führen zur Sandbucht, wo zahlreiche Seeigel versammelt sind. |
| 2.20 | *Das **Kloster Ágios Emilianós** liegt auf einer vorgelagerten Felseninsel. Im stimmungsvollen Hof könnte man sich gut ein paar Tage Klosteraufenthalt vorstellen. Am Steintisch an der Inselspitze würde man mal wieder am Lebensplan feilen …* |
| 3.20 | Viel Zeit zum Herumsitzen hat man heute allerdings nicht. Nach der **Johanneskapelle** nimmt man denselben |
| 3.35 | Weg zurück bis zum **Karrée**. |

*Alternative:* Der im Folgenden beschriebene Weg führt durch Felsen, und ist etwas schwierig zu gehen. Man kann auf demselben Weg über die Straße zurückgehen, versäumt allerdings den schönen Blick aufs asiatische Festland.

| | |
|---|---|
| | Im **Karree** geht es bei Markierungen nach rechts aufwärts und dann in etwa 300 m Seehöhe am Hang entlang. Wenn man in den spitzen Felsen keinen der roten Punkte |
| 4.00 | übersieht, kommt man im Sattel bei einem **Gehöft** mit Kapelle an (**P3:** N 36°36,281'/ E27°48,968', 315 m). Auf der anderen Seite nimmt man den Feldweg erst aufwärts, |
| 4.10 | dann abwärts bis zum verschlossenen **Kloster Perivilótis**. Auf der anderen Straßenseite führt 20 m nach rechts versetzt ein erneuertes Monopáti ins Tal. Nachdem man die |
| 4.15 | Doppelkapelle der heiligen **Paraskeví**, der Hüterin des |
| ★ | Augenlichts, passiert hat, blickt man auf das wunderbare |
| 4.35 | Sími. Der obere Teil **Chorió** ist bald erreicht. |

Je nach Kraftreserve nimmt man vor dem Kástro die steil abfallende Treppe (Kataráktis) links nach Gialós hinab oder die längere, aber schönere Kalí Stráta (»Gute Straße«) zum Hafen. Uff!

**Kurzwanderung bei Tagesausflügen:**

Man folgt der obigen Beschreibung aufwärts bis zum **Fanoúris-Kloster** geht auf dem Betonweg nach links zur Hauptstraße und biegt später beim **Kloster Michail Perivilótis** (re.) (RGZ 4.10) links ab. Auf einem Monopáti passiert man die Kirche **Agía Paraskeví** und erreicht bei traumhaftem Ausblick wieder den Hafen. Gesamtdauer 1,5 bis 2 Stunden.

# ⚪ Um Emborió

*Vier Stunden benötigt man zur Erkundung des hüge-ligen Nordens von Sími. Es gibt geringe Steigungen, eine Bade- und Einkehrmöglichkeit sowie ein Boot für die Rückfahrt – Brunnen allerdings keine.*
■ *10 km, Höhenunterschied 135 m, mittelschwer*

RGZ 0.00
Von der Brücke am Hafen von **Giálos** aus spaziert man rechts an der Taverne *Vasilis* vorbei landeinwärts und hat einen Platz rechts liegen. Jetzt biegt man leicht nach rechts, passiert die alten tonnengewölbte Eisfabrik und marschiert die Straße ① nach rechts aufwärts. Das graue Wasserreservoir liegt links unterhalb.

0.10
20 m nach dem **Friedhof** (li.) biegt man in einen Trampelpfad nach links ab. Er führt in einem Rechtsbogen auf-

0.20
wärts. Nach einem Gatter passiert man ein **Haus** (re.) und blickt hinab auf die Bucht von Emborió. Von dort geht

!!
man *nicht abwärts,* sondern auf halber Berghöhe auf Ziegenpfaden in weitem Bogen erst oberhalb des Meeres, später über dem breiten Tal zur Rechten. Oberhalb des

0.45
langen **Zaunes** trifft man auf einen Weg (**P1**: N36° 37,082'/ E27°48,897', 120 m).

0.50
Nach dem **Bergrücken** darf man die undeutliche *Rechts-*

!!
*abzweigung abwärts* nicht übersehen! Vor einem Ma-schendrahtzaun führt sie rechts abwärts und danach zwi-

0.55
schen zwei ummauerten **Gärten** hindurch. Dort ist in der Antike ein Patitíri in den Felsuntergrund eingemeißelt worden – eine runde Weinkelter (S. 139 ③). In der Senke geht man vor der Mauer nach rechts durch ein Trocken-

1.00
bett und hinauf zur Kapelle **Ágios Dimítrios**.

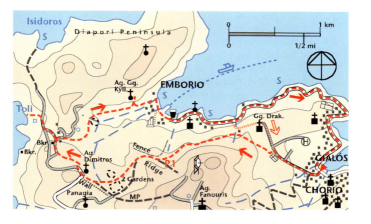

Direkt hinter der Kapelle verlässt man die Straße nach rechts abwärts, biegt nach 40 m links ab und gelangt aufwärts zur nächsten Kuppe mit dem Fahrweg, den man nach rechts nimmt. Nach einem **Bunker** (li.) gabelt sich der Feldweg.

1.05

> *Alternative:* Unterhalb des linken Fahrweges führt ein Pfad zum Kieselstrand von Tolí hinab (15 Minuten, s. Plan).

Nachdem man auf dem Feldweg ein paar Meter Richtung Emborió gegangen ist, nimmt bei einem neuen Haus den Trampelpfad rechts hinab ins Tal. Dort stehen rechts vom Pfad Feldmauern und Zäune. Nach einem Gatter geht man nach links und 60 m oberhalb eines scharfen Geländeeinschnittes fast horizontal weiter. Der schöne Ausblick ② lockt uns ein paar Meter hinauf zur verschlossenen Kapelle Agios Geórgios Kylindriotis.

1.35 Von dort geht es durch Felsen hinab zur Bucht von **Emborió** und nach rechts am Strand entlang.

> *Nach 100 m führt ein Trockenbett landeinwärts zur einzigen Sehenswürdigkeit. 80 m vom Meer entfernt, biegt man nach links ab und gelangt über Stufen zu einer frühchristlichen Basilika. Rechts daneben liegt ein römischfrühchristliches* **Mosaik.**
>
> *Geht man in dieser Richtung weiter, leiten Farbpunkte oberhalb des Friedhofs zu zwölf unterirdischen Gewölben, den »Dódeka Spília«. Hier war zur Türkenzeit an-*

*geblich eine Ikonenmalschule untergebracht. Es könnte sich aber auch um frühchristliche Gräber handeln.*

1.40     Weiter vorn am Strand bietet die nette **Taverne** *Metapontis* Strandleben auf engstem Raum. Um 16, 17 und 18 Uhr fährt ein Taxiboot von hier nach Gialós. Von der Taverne aus wandert man auf dem Betonweg am Meer entlang weiter und kommt bald an einen Sandstrand.

1.50     *Abkürzung:* Nach einer **Wand aus Bruchstein** (re.) zweigen markierte Betonstufen rechts aufwärts zum **Kloster Ágios Geórgios Drakoundiótis** ab. Von dort aus sind es 25 Minuten nach Gialós.

Viel schöner ist die Betonstraße am Meer entlang. Das Meer zur Linken, schlendert man dahin und erlebt dann das große Finale. Unter achterlicher Sonne läuft man im

2.15     Hafen ein und macht in **Gialós** in einem der Lokale fest.

# Tílos

In einer weiten Bucht gebettet, empfängt der Hafenort Livádia
den Ankommenden. Die weich modellierte Insel zeigt hier
kaum schroffe Felsen, sondern mehrere grüne Flächen.
Hier genießt man einen angenehmen, ruhigen Tourismus.
Die Mehrheit der Individualreisenden kommt aus England,
ebenso wie eine präzise Inselkarte, die vor Ort erhältlich ist.
Auf Wanderungen sind die zahlreichen Quellen sehr nützlich.
Die Touren 42 und 43 verlaufen auf restaurierten Pfaden.

## ⑱ Mikró Chório

*Mikró Chorió heißt »kleines Dorf«. Es handelt sich
aber eher um eine kleine Stadt, die allerdings seit
1967 unbewohnt und mittlerweile verfallen ist. Sie
ist das erste Ziel auf der fünfstündigen Wanderung
auf Eselspfaden. Danach führt sie durch eine roman-
tische Schlucht ans Meer und hoch über der Küste
wieder zurück nach Livádia. Dorthin sind damals
auch die Bewohner von Mikró Chorió gezogen.*
■ *9 km, Höhenunterschied 210 m, mittelschwer*

RGZ    In **Livádia** führt rechts neben der **Taverne »Omónoia«**
0.00    (»Harmonie«) der alte Stufenweg aufwärts. Er wird, noch
        im Ort, kurz zum Trampelpfad, bevor er oben auf eine
        Straße trifft, der wir nach links folgen. 50 m *vor* der
0.07    Hauptstraße sieht man rechts Stufen und ein **Gatter**, das
        man passiert, um wieder auf alten Pfaden zu wandeln. Ein
        zweites Gatter wird auf- und zugeknotet, bevor man das

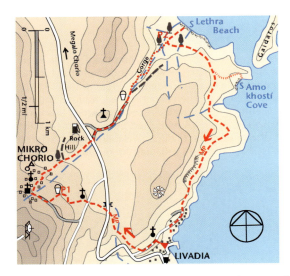

wunderschöne alte Monopáti ① weiter aufwärts zieht.

0.17  Bei einem Wasserdurchlass überquert man die **Straße** und
0.20  etwas später noch einen neueren **Betonweg**. Sofort danach folgt man der Mauer (Kapelle re.) und biegt dann
nach links ab. Später geht man zwischen ebenen Terras-
senmauern nach rechts und passiert das (trockene) Quel-
lenhaus mit dreieckigem Aufsatz (**P1:** N 36°25,318'/
E27°22,514'). Verfallene Wegemauern inmitten von Oliventerrassen stimmen auf das Geisterdorf ein. Geht man
im Graben bergan, erreicht man einen Fahrweg und steigt
0.40  ein paar Treppen hoch zu einer verschlossenen **Disko-**

**thek.** Inmitten der Ruinen trifft sich hier im Juli und August die Inseljugend.

Die größte der Kirchen des verlassenen Dorfes **Mikró Chorió** ☑ ist renoviert worden. Eine kleinere unter der Burg besitzt sehr alte Fresken. Man steht den Heiligen Auge in Auge gegenüber – falls man durch göttliche Fügung Zutritt bekommen hat.

Nach der Erkundung geht es auf der Gasse vor der Kirche abwärts, an zwei übereinanderstehenden Kapellen (li.) vorbei und nach 100 m an der Wegegabelung (li. Haus mit
!! Holz-Türsturz) *nach links*, in Richtung Meer. Nach den
0.50 **letzten Ruinen** geht man am Bergfuß, noch vor einem felsigen Hügel, bei einer Kermes-Eiche geradeaus und lässt
1.00 die Felsen links. So gelangt man zur **Straße.**

Auf der anderen Seite passiert man das Gatter und geht auf einem neuen Feldweg abwärts. Bei einem schön
1.05 gemauerten **Brunnen** ☑ geht es rechts hinauf. Bei den
!! *Steinmännchen nach 60 m* taucht man *links* hinab in eine
★ wildromantische Schlucht. Zwischen Oleander und Felsbrocken hindurchturnend, gelangt man in die Ebene der
1.30 **Léthra-Bucht.**

Wem die Kieselsteine zu groß und die (wenigen) Badegäste zu viel sind, der findet später eine weitere Bademöglichkeit: Man geht fünf Minuten in die Schlucht zurück und wendet sich bei der von korpulenten Steinmännern mar-
1.35 kierten **Gabelung** (**P2:** N36°26,177'/ E27°23,130') links aufwärts. Wenn man die Bucht von Livádia wieder sieht, zeigen schlankere Steinmännchen den Weg, der in acht Minuten zur meist leeren **Amokhosti-Bucht** hinabführt. Auf einem wunderschönen Küstenpfad ☑ gelangt man wie-
2.20 der nach **Livádia** und wendet sich am Ortsrand nach links.

## ㊾ Neró

*Wasser, auf Griechisch »neró«, ist auf vielen Inseln nur aus Zisternen verfügbar. Auf dieser eindrucksvollen Wanderung jedoch kommt man gleich an drei Quellen vorbei, aus denen man kühles Wasser trinken kann. Die fünf- bis sechsstündige Tour verläuft meist auf alten Pfaden. Ein kurzer pfadloser Abstieg erfordert etwas Trittsicherheit.*

■ *15 km, Höhenuntersch. 275 m, moderat bis schwer*

RGZ
0.00

Vom italienischen **Hafengebäude** von **Livádia** aus schlendert man auf der Paralía an den Hotels und Lokalen vorbei. Nachdem man die Bucht umlaufen hat, wendet man sich vor der Taverne »Fáros« am Fischerhafen von

0.30
0.45

**Ágios Stéfanos** rechts aufwärts. Nach dem Ende des Asphaltbelages wird man auf der Höhe von der **Kapelle des Hl. Johannes** ① empfangen und auf einem instandgesetzten Kalderími ② weiterleitet. Die Gebete der Wanderer wurden also vom Bürgermeister erhört. Beim Hinaufgehen den Blick zurück nicht vergessen! (S. 165). Man wan-

★
!!
1.00

dert rechts oberhalb eines Grabens mit Oleander bis zu einer **Gabelung** 20 m vor einer kleinen Brücke (**P1:** N36° 24,467'/ E27°24,760'). Hier geht man links, passiert nach

!!
1.15

dem Oleander-Graben ein verfallenes Gehöft und muss später aufpassen, die **Abzweigung** ③ (**P2:** N36°24,167'/ E27°25,190', 125 m) nach links nicht zu übersehen.

*Alternative:* Geradeaus kommt man in zehn Minuten zum eindrucksvollen Ruinendorf **Ierá**, in dem nur noch Ziegen und Geister hausen. Die letzten Familien sind um 1960 von hier weggezogen.

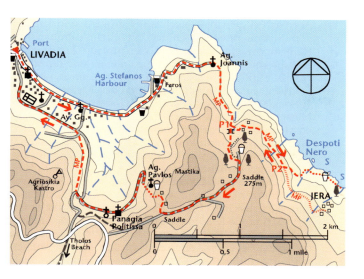

Auf dem Weg hinab zum Wasser helfen rote Markierungen, so dass man bald den **Brunnen** erreicht. Die Legende erzählt, dass ein bei einer Seefahrt fast verdursteter hoher priesterlicher Würdenträger hier Wasser fand. Deshalb heißt die Gegend *Despóti Neró*.

Es gibt zwei Strände. Die heißen schwarzen Kiesel dürften indischen Feuergehern eine höllische Freude bereiten. Andere müssen erst Kühlwasser aus der Plastiktüte einsetzen, um sitzend die Aussicht auf die türkische Halbinsel Resadyie zu genießen. Auf demselben Weg geht es zurück zum **Oleander-Graben**.

1.30

2.05

Am Graben geht man nach links aufwärts und kommt, von Steinmännchen behütet, an einem ummauerten Hain an, den man ganz rechts oben umläuft. Ein paar Meter unterhalb liegt eine weitere, dieses Mal umzäunte Quelle. Hinter dem Hain trifft man auf einen neueren

2.20
2.25 **Feldweg**, auf dem man, links neben den Resten des alten Fußpfades, bergan geht. Vom **Sattel** aus (mit Hausruine) blickt man über eine sanfte Hügellandschaft und zur neuen Müllsammelstelle auf einer Halbinsel. Dass Müll nicht mehr verbrannt werden soll, ist löblich. Allerdings hätten die Griechen der Antike an dieser erhabenen Stelle eher einen Tempel errichtet.

Man geht den Feldweg, unter dem der frühere Plattenweg liegt, horizontal entlang dem Berg weiter und gelangt

2.35 zum nächsten **Sattel**. Von hier aus sieht man die Bucht von Livádia wieder und verlässt den Fahrweg nach rechts. Auf gleicher Höhe stehen ein paar verfallene Häuser, die auf einem Ziegenpfad rasch erreicht sind. Bei den Bäumen

2.40 vor der **zweiten Häusergruppe** markiert ein roter Punkt den Beginn eines steilen pfadlosen Abstiegs über Weideterrassen und Felsen. Bald sieht man weiter unten eine

2.50 große Kiefer und die idyllisch gelegene **Kapelle des Ágios Pávlos** ④.

> *Innen sind weniger die wenigen Ikonen von Interesse, als vielmehr eine weitere Quelle. Außen gibt's einen prächtigen Picknickplatz.*

Der unterhalb beginnende Fahrweg führt am abgeschlossenen **Kloster Panagía Polítissa** vorbei. Nur an einem Tag im Jahr, zur Panigíri am 22. August, ist hier – sozusa-

3.10
!! gen – der Teufel los. Weiter geht es zur **Gabelung**, dort kurz links aufwärts, *in der Kurve nach rechts* und natürlich auf dem alten Eselspfad heimwärts – man ist ja schließlich

3.35 Wanderer. **Livádia** erreicht man ohne Probleme.

### Der Weg zum schönen Thólos-Beach:
Von Livádia aus geht man auf dem Pfad, der oben zuletzt beschrieben wurde und dann westlich der Panagía Polítissa auf dem Fahrweg aufwärts, oben über einen Fahrweg und auf einem Felsenpfad abwärts. Siehe Plan.

# ⓹⓪ Ágios Panteleímonas

*Ziel dieser vier- bis fünfstündigen Wanderung durch den einsamen Nordwesten der Insel ist ein romantisch gelegenes Kloster mit einer Quelle unter schattigen Bäumen. Den Weg bildet anfangs ein restaurierter Eselsweg, später ein markierter Ziegenpfad durch die Phrygána und zum Schluss ein längeres Stück Straße. Ein paar Meter Geröllpfad könnten Höhenängstlichen Probleme bereiten.*

■ *7 km, Höhenunterschied 265 m, mittelschwer*

RGZ
0.00
0.20

0.30

0.40
!!

0.50
1.00

✓

Man fährt mit dem Bus bis **Ágios Antónios** und erreicht auf der Straße nach Westen, dann auf einem Fahrweg, das **Kamariáni-Kloster** in einem gepflegten Garten. 40 m nach den Gartenmauern führt ein rot markierter Fußweg links aufwärts und nach 30 m horizontal nach rechts. Der restaurierte Pfad durchläuft zunächst Ölbaumterrassen ①, passiert eine **Zisterne** von 1957 (**P1: N36°27,406′/ E 27° 18,833′**) und führt dann an schattigen Picknickplätzen unter Olivenbäumen vorbei. Danach heißt es aufgepasst: Von den früheren Terrassen aus weisen rote **Pfeile** *links aufwärts* (**P2: N36°27,594′/ E27°18,602′, 130 m**).

Nach dem Anstieg geht es nur noch leicht ansteigend nach rechts, dann unter einer **Felswand** entlang bis in den einsamen Sattel ② mit **Kapellenruine**, deren wertvollstes Stück der Türsturz ist (**P3: N36°27,325′/ E27° 18,229′, 265 m**).

Der Abstieg an der schroffen Außenseite der Insel führt teilweise über die alten Stufen. Höhenängstliche sollten sich anfangs vielleicht mehr mit der Vegetation zur Lin-

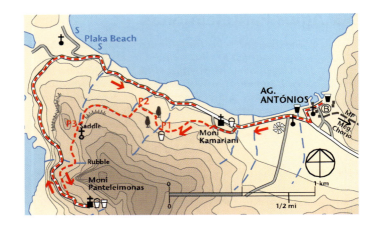

ken befassen, als zum blanken Meer hinunterzuschauen. Nach einem Geröllfeld verläuft der Weg wieder sicher zwischen Sträuchern, führt verbreitert zur **Straße** und zum versteckten **Kloster des Heiligen Panteleímon.** Das schattige Café dort ist ein beliebter Platz um den Sonnenuntergang zu genießen.

1.20
1.25

> *Das malerische, aus dem 14. Jh. stammende Kloster war bis 1930 bewohnt und drohte danach zu verfallen. Frisch renoviert präsentiert es sich heute wieder mit Wohnturm, Zellentrakt mit Arkaden und byzantinischem Katholikón. Dort ziehen vor allem die Schnitzereien der Ikonostase den Betrachter in ihren Bann.*

Zurück ist es leichter und erfrischender, auf der Straße am Meer entlangzugehen. Vor allem, wenn man die Badesachen nicht vergessen hat. Die braucht man, wenn man von der **Abzweigung** aus in fünf Minuten zum **Pláka-Strand** hinabgeht.

2.00

Auf der Straße geht es weiter am Meer entlang und ab der Windmühle direkt am Strand bis nach **Ágios Antónios.**

2.35

# Ein paar griechische Wörter für Wanderer

Betonung auf den Akzenten.

| | | | |
|---|---|---|---|
| jássas | **hallo** | kerós | **Wetter** |
| ne | ja | aéras | Wind |
| óchi | nein | meltémi | starker Nordwind |
| parakaló | bitte | ílios | Sonne |
| efcharistó | danke | wrochí | Regen |
| endáxi | in Ordnung | omíchli | Nebel |
| sto kaló | alles Gute | | |
| kalá | schön | níssos | **Insel** |
| símera | heute | farángi, langádi | Schlucht |
| ávrio | morgen | kámpos, pláka | Ebene |
| pósin óra? | wie lang? | livádi | Wiese |
| pósso makriá | wie weit ist es | déndro | Baum |
| ine ja …? | nach …? | léfkes | Pappeln |
| puíne …? | wo ist …? | dássos | Wald |
| óra | Stunde | lófos | Hügel |
| neró | Wasser | wounó, óros | Berg |
| psomí | Brot | vígla | Bergspitze |
| tirí | Käse | vráches | Fels |
| míkro | klein | spíleo | Höhle |
| mégalo | groß | thálassa | Meer |
| leoforió | Autobus | órmos | Bucht |
| stásis | Haltestelle | límni | See |
| enikáso | mieten | potámi | Fluss |
| aftókinito | Auto | réma | Trockenbett |
| mechanáki | Moped | pigí | Quelle |
| podílato | Fahrrad | pérazma | Pass, Sattel |
| kaíki | Boot | xirolithía | Trockenmauer |
| | | | |
| chóra | **Stadt** | odiporió | **wandern** |
| chorió | Weiler | isía | geradeaus |
| spíti | Haus | dexiá | rechts |
| platía | Platz | aristerá | links |
| parélia | Hafenstraße | apáno | aufwärts |
| kástro | venez. Burgsiedlung | káto | abwärts |
| pírgos | venez. Wohnburg | kondá | nahe |
| nekrotafío | Friedhof | makriá | fern |
| limáni | Hafen | ásfalto | Asphaltstraße |
| vrísi | Brunnen | drómos | Straße |
| stérna | Zisterne | chomaódromos | Schotterstraße |
| kafenío | Café, aber was | dasikí odós | Waldweg |
| | für eines! | odós | Weg |
| | | skála | Treppenweg |
| eklisiá | **Kirche** | monopáti | Eselspfad |
| papás | Priester | kalderími | Pflasterweg |
| moni, monastíri | Kloster | katsikó drómos | Ziegenpfad |
| ksoklísi | Kapelle | yéfira | Brücke |
| panagía | Gottesmutter | stavrodrómi | Kreuzung |
| panigíri | Kirchweihfest | hártis | Landkarte |
| agía, ágios, Ag. | heilige(r) | kutrúmbulo | Wegmarkierung |
| ikonostasio | Bilderwand | phrýgana | Gestrüpp, der Feind |
| katholikón | zentraler Kirchen- | | des Inselwanderers |
| | bau e. Klosters | | |

## Inselspringen

Die schönste Art, die griechischen Insel zu entdecken, ist sicherlich die Erkundung vom Meer aus. Mit den vielen Schiffsverbindungen kann man sich problemlos von Insel zu Insel treiben lassen. Das Ein- und Aussteigen unter Teilnahme fast der gesamten Inselbevölkerung ist dabei ein besonderes Erlebnis. Starke Winde können die Fahrpläne allerdings durcheinander wirbeln, so dass sich bei dieser Art des Reisens leicht der Zufall dazugesellt.

Am angenehmsten sind die großen **Fährschiffe** mit großzügigem Oberdeck, das meistens von Touristen genutzt wird. Einheimische trifft man eher in den Salons und Restaurants des Unterdecks. Die günstigen Fahrpreise sind stark subventioniert. Daneben gibt es für Querverbindungen kleinere Schiffe sowie die schnellen **Tragflächenboote** und **Katamarane**. Leider kann man bei denen nicht im Freien sitzen und sieht durch die salzverkrusteten Fenster wenig vom Meer. Man zahlt etwa das Doppelte dafür. Fahrplaninfos gibt es im Internet unter **www.gtpnet.com.**

Die Hauptroute der großen Fährschiffe mit oft mehreren Passagen pro Tag führt von **Rhódos** nur manchmal nach **Sími**, aber immer nach **Tílos, Nísyros** und **Kós**. Von dort weiter über Kálymnos, Léros und Pátmos und schließlich über die Kykladen nach Piräus.

**Kárpathos** mit **Kássos** und **Chálki** können nur von Rhódos, Santorin oder Kreta aus angefahren werden. Diese Linie verkehrt laufend über Mílos bis Piräus. **Chálki** besitzt zudem eine ständige Fährverbindung zum gegenüberliegenden rhodischen Hafen Kámiros-Skála.

**Kastellórizo** ist fast täglich durch eine Schiffsverbindung mit Rhódos verbunden.

Ausflugboote von Kós nach **Nísyros** fahren auch in den Häfen Kamári und Kardámena ab.

Vom Hafen Mastichári in der Nähe des Flughafens von **Kós** fahren täglich kleine Schiffe nach Kálymnos.

**Psérimos** ist am einfachsten mit Ausflugsbooten ab Kós und Kálymnos erreichbar.

Nach **Sími** gibt es ständig Ausflugsboote ab Rhódos.

# Abkürzungen, Zeichenerklärung

| | |
|---|---|
| ━━━━━ | Wanderweg auf Fahrweg |
| ━━━━━ | Wanderweg auf Straße |
| ━ ━ ━ ━ | Wanderweg auf Fußpfad |
| ·············· | Wanderweg pfadlos |
| ········**ALT**········ | Alternativweg, Wegabkürzung |
| ← ⇐ | Gehrichtung / - alternativ |
| | GPS-Punkt |
| ═══════ | Straße |
| ━━━━━━ | Feldweg, Sandpiste |
| **MP** □ | Monopáti, Eselsweg, – markiert |
| ─ ─ ─ ─ | Bachbett (ztw.), Senke |
| ⚲ | Antenne |
| Ⓑ ⸨Ḃ⸩ | Busstopp / - saisonal |
| ℙ | Parkplatz |
| Ⓗ | Hubschrauberplatz |
| ⊞ | Friedhof |
| + | Bildstock, Denkmal |
| ⬭ | Sportplatz |
| ⌒ | Höhle |
| ♪ ⚲ | Mittelalterliche Burg, Wohnturm / Ruine |
| ⛫ | Antike Ruine, Statue |
| ▪ □ | Häuser / Ruinen |
| ♱ ♁ | Kloster, große Kirche / Ruine |
| ♰ ♰ ♱ | Kapelle / Gipfelkapelle / Ruine |
| ⛾ ⛉ | Taverne / - saisonal |
| ✳ ☼ | Windmühle(n), -stumpf / Wassermühle |
| �barɸ ▫ □ | Brunnen, Quelle / Wasserbecken / Zisterne |
| S | Bademöglichkeit |

Im Text:

| | |
|---|---|
| ↙ | eventuell Schwindelgefühl |
| OW | Zeitangabe für einfache Strecke |
| !! | Auf Abzweig achten! |
| ★ | 20 Lieblingsplätze des Autors |